10년째 안 되는
영어 말문,
나는 한국에서
튼다!

**10년째 안 되는
영어 말문,
나는 한국에서
튼다!**

펴낸날 초판 1쇄 2014년 10월 1일 | 초판 2쇄 2015년 6월 5일

지은이 정회일

펴낸이 임호준
이사 홍헌표
편집장 김소중
책임 편집 김보람 | 편집 2팀 장문정 김희현
디자인 왕윤경 김효숙 | 마케팅 강진수 권소회 임한호
경영지원 나은혜 박석호 | e-비즈 표형원 이용직 김준홍 최승현 류현정

일러스트 권오환
인쇄 (주)웰컴피앤피

펴낸곳 북클라우드 | 발행처 (주)헬스조선 | 출판등록 제2-4324호 2006년 1월 12일
주소 서울특별시 중구 세종대로 21길 30 | 전화 (02) 724-7635 | 팩스 (02) 722-9339

ⓒ 정회일, 2014

이 책은 저작권법에 따라 보호를 받는 저작물이므로 무단 전재와 무단 복제를 금지하며,
이 책 내용의 전부 또는 일부를 이용하려면 반드시 저작권자와 (주)헬스조선의 서면 동의를 받아야 합니다.
책값은 뒤표지에 있습니다. 잘못된 책은 바꾸어 드립니다.

ISBN 979-11-85020-54-9 13740

- 이 도서의 국립중앙도서관 출판예정도서목록(CIP)은 서지정보유통지원시스템 홈페이지(http://seoji.nl.go.kr)와
  국가자료공동목록시스템(http://www.nl.go.kr/kolisnet)에서 이용하실 수 있습니다. (CIP제어번호: CIP2014027346)

- 북클라우드는 독자 여러분의 책에 대한 아이디어와 원고 투고를 기다리고 있습니다.
  책 출간을 원하시는 분은 이메일 vbook@chosun.com으로 간단한 개요와 취지, 연락처 등을 보내주세요.

북클라우드 는 건강한 마음과 아름다운 삶을 생각하는 (주)헬스조선의 출판 브랜드입니다.

10년째 안 되는 영어 말문, 나는 한국에서 튼다!

정회일 지음

북클라우드

머리말

영어,
'이론'이 아니라
'언어'랍니다!

　독서 멘토로 알려져 있는 제가 영어 공부를 시작한 계기는 조금 단순합니다. 어느 날 지하철에서 원서를 읽는 사람을 보았는데 그 모습이 정말 멋있어 보이는 거예요. 저도 그렇게 보이고 싶어 원서를 읽기 시작했는데, 읽는 '척'하는 것도 하루 이틀이지 도통 무슨 말인지 이해할 수가 없었지요. 답답한 마음에 베스트셀러 영어 학습서를 수십 권 봤지만 '아 이거구나!' 하는 느낌이 오지 않았어요. 대부분 저자가 원어민이거나 해외에서 오래 살았던 분들이라 그들의 눈높이에 맞춰져 있기 때문이었죠.

　독학으로 겨우 영어 학습법에 숨은 비밀(?)을 찾아가던 중 문득 '남에게 설명을 해봐야 더 열심히 하게 되지 않을까'라는 생각이 들었어요. 남을 가르치려면 철저하게 준비해야 하고, 그 과정에서 내가 무엇을 모르는지 알 수 있으니까요. 제가 영어 전공자도 아니고 그렇다고 영어 실력이 뛰어난 것도 아닌데 그런 생각을 했으니 남들 눈에는 참 황당하게 보였을 거예요. 어쨌든 용감하게 무료로 다른 사람을 가르치기 시작했습니다.

그렇게 5년쯤 지나자 저에게 배우고 영어 말문이 트이는 사람들이 많아졌어요. 저만의 방법에 대한 확신이 들면서 더 많은 이들과 공유할 수 있도록 '영나한'(영어 연수! 나는 한국에서 한다!) 학원도 시작하게 됐지요. 영어를 '이론'이 아닌 '언어'로 바라보는 관점 덕분에 많은 분이 영어 벙어리에서 탈출하는 것을 볼 수 있었습니다. 놀랍게도 수강생들 중에는 실력이 폭발적으로 향상되어 강사가 되는 경우도 나타났고요.

주변을 보면 아직도 영어 회화를 어려워하는 분들이 많습니다. 영어에 대한 잘못된 시각으로 잘못된 학습법을 따라하고 있기 때문이지요. 이 책에서는 영어로 하고 싶은 말을 표현하는 법, 영어 소리를 제대로 듣고 따라하는 법, 이를 바탕으로 살아있는 영어로 소통하는 노하우를 전하려고 합니다. 더불어 왕초보라도 영어 원서를 '제대로' 읽고 활용하는 방법도 담았고요.

이 책을 딱딱한 학습서가 아니라 영어 벙어리를 먼저 탈출한 선배가 당신을 아끼는 마음으로 써 준 편지라고 생각해 보세요. 제 경험담과 노하우를 읽고 빠짐없이 실천하면 당신의 영어 말문도 분명 트일 겁니다! 자, 그럼 저와 함께 시작해 볼까요?

등장인물 소개

영한

이스트일렉트로닉스의 3년차 사원. 영어 회화 실력이 부족해 입사 동기인 현석과 은근히 비교당하는 처지다. 그냥저냥 버티던 중 엉터리 영어로 제대로 사고를 치면서 일생일대의 위기에 처하게 된다.

키맨

왜소한 체격에 두꺼운 뿔테 안경까지, 그야말로 소심한 외모의 결정판이지만 알고 보면 누구보다도 에너지 넘치는 인물. 왕초보로 시작해 독학 끝에 영어 고수가 된 후 자신만의 노하우로 수많은 영어 벙어리들의 말문을 틔워왔다.

현석

영한의 입사 동기이자 호주 유학파 출신의 엘리트 사원. 영어 실력이 뛰어나 글로벌팀의 핵심 인재로 대우받는다. 그럼에도 겸손한 성격에 자기계발에도 열심이라 선배와 상사들의 신뢰를 받고 있다.

제시카

교환학생으로 한국에 와서 대학원을 다니고 있는 미국인. 영한과 같은 밴드에서 키보드를 연주하고 있다. 한국 음식을 좋아하며 발랄함이 통통 튀는 매력적인 아가씨다.

나한

영한의 한 살 터울 남동생. 늘 영한을 구박하며 잔소리를 아끼지 않는 시어머니 같은 존재. 영한에게 키맨을 소개해준다.

차례

4 머리말_ 영어, '이론'이 아니라 '언어'랍니다!
6 등장인물 소개

PART 1
입으로 익혀야 입에서 나오지!

12 나 잘했지?
17 영어, 니가 뭔데 날 울려?
27 Are you boring?!
41 키맨을 만나라
51 눈으로 배우는 언어 vs 입으로 배우는 언어
66 회일쌤의 Key-talk 영어, 해도 해도 안 된다고요?

PART 2
이걸 모르니 안될 수밖에!

70 말하지 않아도 안다고?
79 일에도 순서가 있듯이 말에도 어순이 있다
91 10년 묵은 나쁜 습관, 제발 좀 버려!
103 네 생각을 영어로 말해봐
118 회일쌤의 Key-talk 영어 발음, 어떻게 하면 원어민처럼 되나요?
122 회일쌤의 Key-talk 콘텐츠가 없으면 영어 말문이 막힌다!

PART 3
다섯 가지 규칙을 잡아라

- 126 다섯 가지 규칙을 잡아라!
- 143 저 하늘의 별을 따라!
- 154 핑계는 안드로메다로
- 162 혼자서도 잘해요
- 170 Shall we dance?
- 182 `회일쌤의 Key-talk` 전치사, 이렇게 익혀 보세요!
- 184 `회일쌤의 Key-talk` 영어와 친해지고 싶다고요?

PART 4
원시인이 되라고?!

- 188 영어, 소리의 차이부터 이해하라
- 200 응용을 해야 내 것이 되지
- 212 이 실력에 원서를?!
- 227 원시인이 되어 영어방을 만들어라
- 235 엉터리 패턴을 버리고 진짜 패턴을 익혀라!
- 246 `회일쌤의 Key-talk` 영어 사전, 제대로 쓰자구요!

PART 5
황홀한 세상, 영어로 열어라!

- 252 영어로 세상과 소통하다
- 264 읽어서 모르면 들어서도 모르지
- 277 돌멩이를 옮기면 태산도 움직인다
- 291 영어가 그대를 자유케 하리라
- 296 `회일쌤의 Key-talk` 말문이 트였다면? 말문을 늘리자!
- 298 `회일쌤의 Key-talk` 회일쌤이 마지막으로 당부합니다!

PART 1

입으로 익혀야 입에서 나오지!

 # 나 잘했지?

"영한 씨, 뭘 그리 허겁지겁 먹어? 누가 쫓아오나?"
"아, 먼저 사무실로 들어가서 마무리할 게 있어서요."
오후에 도착할 싱가포르 바이어와의 미팅을 준비해야 하는지라, 영한은 후다닥 밥그릇을 비우고 자리에서 일어났다.
"쳇! 우리 팀 일은 내가 다하는 것 같네."
사무실로 돌아온 영한은 투덜거리면서도 서둘러 노트북을 켰다. 출력까지 끝내자 그제야 안도의 한숨이 나왔다. 신입사원이나 할 법한 서류 준비를 3년차인 자신이 한다는 게 내심 짜증이 났지만, 팀에서 막내나 다름없으니 어쩔 수 없는 일이었다.

"휴, 다 끝냈으니 커피나 한 잔 마실까?"
이제야 여유가 생긴 영한은 아쉬운 대로 자판기 커피라도 마셔야겠다고 생각했다. 동전을 챙겨들고 자리에서 막 일어났을 때 전화벨이 요란스레 울렸다.
"네, 이스트일렉트로닉스의 글로벌팀입니다."
"Hi, can I speak to Assistant manager Lee? 안녕하세요, 이 팀장님 계신가요?"
수화기 저편에서 생각지도 못하게 영어가 들려오자 영한은 갑자기 온몸이 굳어졌다.
"예? 아, 아니. What?"
당황한 영한이 허둥거리며 주위를 둘러봤지만 사무실에는 그를 도와줄 만한 사람이 아무도 없었다. 애타는 마음을 아는지 모르는지 수화기 저쪽에선 버터처럼 미끄럽고 LTE처럼 빠른 영어가 계속해서 이어졌다.
'영어로 말하니 당최 무슨 말인지 알 수가 없잖아. 근데 현석 씨는 왜 안 오는 거야!'
다급해진 영한의 머릿속에는 곧바로 현석이 떠올랐다. 현석은 글로벌팀에서 영어를 가장 잘하는 사람이었다.
"뭐라고요? 아니, What?"
어떻게든 상대방의 말을 알아듣기 위해 영한은 수화기를 귀에 바짝 붙였다. 그럼에도 무슨 말을 하는 건지 도통 이해할 수가 없었다.

"저스트 어 미닛, 플리즈."

또박또박 잠시 기다리라고 대꾸한 영한은 호흡을 고르며 마음을 진정시켰다. 고개를 들던 그의 눈에 조금 전 출력해둔 서류들이 보였다.

"맞다! 바이어!"

보아하니 오늘 만나기로 한 싱가포르 바이어가 전화를 거는 것 같았다. 다행히 아까보다 천천히 말하는 바이어의 말에서 영한은 '로케이션, 오피스, 싱가포르, 미팅' 등 몇몇 단어는 확실하게 알아들을 수 있었다. 나름 단어들을 조합해보니 아무래도 사무실의 위치를 묻는 듯했다. 영한은 자신이 아는 단어들을 늘어놓으며 열심히 설명했다.

"고 스트레이트 프롬 더 서브웨이 스테이션, 앤드 퍼스트 코너 레프트…."

하지만 영한의 설명에도 아랑곳없이 바이어는 계속 "What?"을 외칠 뿐이었다. 영한은 식은땀을 뻘뻘 흘리며 몇 번이나 반복해서 설명했고, 바이어는 약간 짜증스런 목소리로 뭐라고 중얼거리더니 갑자기 "오케이!"라고 말하며 전화를 끊었다.

"휴! 갑자기 영어로 말하니 머릿속이 하얘지네. 아무튼 오케이라고 했으니 내 말을 알아들은 거겠지?"

영한은 한 손으로 가슴을 연신 쓸어내리며 수화기를 내려놓았다. 때마침 점심시간이 끝나가면서 팀원들이 하나둘 사무실로 들어오고 있었다.

"저, 팀장님. 조금 전에 전화가 왔었는데요."

사무실로 들어서는 팀장을 보자마자 영한은 다소 흥분된 목소리로 말했다.

"전화? 무슨 전화?"

"오늘 오기로 한 싱가포르 바이어한테 전화가 왔는데…."

"뭐? 바이어가 뭐라고 했는데?"

팀장은 잔뜩 긴장한 표정으로 영한의 대답을 기다렸다. 혹시라도 방문 일정이 취소된 건 아닌지 걱정하는 눈치였다.

"그게, 회사 위치를 물어보더라고요."

"그래서?"

"당연히 가르쳐줬죠."

"그래? 잘했네. 그런데 영한 씨가 직접 전화를 받아서 설명해 줬단 말이야? 영한 씨가 그렇게 영어를 잘하는 줄은 미처 몰랐네. 하하."

팀장은 영한의 어깨를 두드리며 칭찬을 했고, 옆에서 듣고 있던 팀원들도 저마다 영한을 추켜세웠다.

"헤헤, 뭐 그 정도쯤이야…."

온몸에 식은땀을 흘리며 긴장했었다는 사실을 팀원들이 눈치 챌까봐 영한은 큰 소리로 웃으며 너스레를 떨었다.

"그리고 이건 지시하신 자료입니다."

영한은 어깨에 힘을 잔뜩 주며 준비한 미팅 자료를 팀장에게 건넸다.

"수고했어. 서류 준비도 잘하고 영어도 제법 하니, 이제 영한 씨에게 해외 업무를 맡겨도 되겠는데?"

'아, 당연하죠! 저도 글로벌팀 팀원인데!'

미처 입 밖으로 내뱉지는 못했지만 영한은 내심 휘파람을 불며 미소를 지었다.

사실 영한은 몇 달 전 새롭게 꾸려진 부서인 글로벌팀에 발령 받았다. 해외 시장을 개척하는 팀인지라 주변에서는 잘 된 일이라고들 했지만, 정작 팀에 들어온 뒤로는 입사 3년차라는 사실이 무색할 정도로 허드렛일만 담당해왔다. 힘들고 서러웠던 지난 시간을 생각하니 영한은 어쩌면 오늘 받은 칭찬이 당연하다는 생각마저 들었다. 마치 드러나지 않던 고수의 무공이 단숨에 그 빛을 발한 것처럼 말이다. 영한은 자기 앞에 있던 모든 먹구름이 단숨에 걷히고 환한 햇살만 보이는 것 같아 마냥 신이 났다.

영어, 니가 뭔데 날 울려?

"근데 저 인간은 뭘 또 저렇게 혼자 열심인 척이야?"

영한은 자신의 빛나는 활약에도 아랑곳하지 않고 평소처럼 일에 몰두한 현석을 보며 입을 삐죽거렸다. 사실 영한은 입사 동기이면서도 팀 내에서 존재감이 큰 현석이 늘 못마땅했다.

영한이 근무하는 이스트일렉트로닉스는 반도체 장비를 만드는 회사이다. 영한은 원래 국내영업팀에서, 현석은 경영기획팀에서 근무하고 있었다. 그런데 얼마 전, 회사는 몇 년 전부터 모색하고 있던 해외영입을 본격적으로 추진하기로 결정하고 이를 위해 전담 부서인 글로벌팀을 새롭게 결성했다. 그러면서 영한과 현석 모두 글로벌팀으로 발령받은 것이다.

영한이 글로벌팀에 올 때만 해도 주위에서는 다들 부러워했다. 회사에서 밀어주는 핵심 부서에 근무하게 됐으니, 승진이나 경력에도 유리하지 않겠느냐는 것이었다. 영한 역시 이런 점을 은근히 기대했지만, 정작 팀에 합류한 뒤 느끼는 부담과 스트레스는 생각 이상이었다.

특히 팀 내에서 영한과 현석은 은근히 비교가 됐다. 현석은 중학교 때 호주에 건너가 살다 온 덕분에 영어 실력이 뛰어났다. 싱가포르에 시장을 개척하는 프로젝트가 점점 속도를 내자, 현석에게는 주특기를 발휘할 수 있는 업무가 주어졌다. 바로 기획 업무와 더불어 외국 바이어와의 소통까지 담당하게 된 것이다. 하지만 영어 실력이 부족한 영한은 선배들을 도와 신입사원이나 할 법한 업무를 지원할 뿐이었다. 현석처럼 '있어 보이는' 업무를 하고 싶지만 그러지 못하는 영한의 입장에서는, 현석이 부러움과 질투의 대상이 될 수밖에 없었다.

"네, 이스트일렉트로닉스입니다."

영한이 여전히 칭찬에 취해 있는데 사무실에 다시 전화가 걸려왔다. 마침 자리에 있던 현석이 전화를 받아 대화를 이어갔다.

"I'm so sorry. My colleague is not good at english. I think he just made some mistakes. 정말 죄송합니다. 저희 직원이

영어가 서툴러서 그만 실수를 한 모양입니다."

현석의 부드럽고 세련된 영어가 이어지자 영한은 애써 고개를 돌리며 딴청을 부렸다.

"Do you know how long I have been wandering around, for the colleague? 내가 그 직원 때문에 얼마나 길을 헤맸는지 아세요?"

전화를 건 사람은 오늘 만나기로 한 싱가포르 바이어였다. 그는 영한의 엉터리 설명 때문에 자신이 엄청나게 고생을 했다며 하소연했다.

"I'm so sorry. I should have taken this, so sorry. 정말 죄송합니다. 제가 좀 더 신경을 썼어야 했는데 정말 죄송합니다."

사실 현석은 공항까지 마중을 나가려 했었는데, 바이어가 개인 용무를 본 후 혼자 회사로 찾아오겠다고 했었다. 그런데 회사가 대로변이 아닌 골목 안쪽에 있다 보니 주소만으로는 찾기 어려웠던 것이다. 게다가 하필이면 현석이 자리에 없을 때 전화를 거는 바람에 상황이 더욱 꼬여버린 것이다.

연신 죄송하다는 말로 겨우 바이어를 진정시킨 현석은 영한을 바라보며 살며시 한숨을 쉬었다. 자신이 무슨 실수를 했는지도 모르고 사람들의 칭찬에 희희낙락하고 있는 영한을 보니 안쓰러운 마음까지 들었다. 현식은 한창 좋은 분위기를 깨고 싶지 않나. 자신이 알아서 문제를 해결했으니 괜히 영한을 민망하게 만들 이유가 없다고 판단한 것이다.

"Excuse me. Is here Global team? I'm Alvin from Perfect&Digital Singapore. 실례합니다. 여기가 글로벌팀이 맞나요? 저는 싱가포르 퍼펙트 앤 디지털 사에서 온 앨빈입니다."

잠시 후 싱가포르 바이어가 글로벌팀의 사무실로 들어서며 조심스레 물었다.

"Oh! Welcome. 오! 어서 오세요."

팀장은 간단한 문장으로 답을 한 후 서둘러 영한을 불렀다. 현석이 다른 거래처와 통화를 하고 있어 영한을 부른 것이다.

"하, 하이. 마이 네임 이즈 영한. 와츠 유어 네임?"

마지못해 쭈뼛거리며 다가간 영한이 어설픈 영어로 인사를 건넨다.

"I said my name is Alvin. Anyway, are you the one who answered my phone? 내 이름은 앨빈이라고 이야기했잖아요. 그런데 혹시 당신이 아까 전화를 받았던 그 사람인가요?"

"예? 아, 아니지. What?"

"Wow! It was you. Do you know how much I have

been wandering around? I have wandered for 30 minutes
which would only take 5 minutes. And I sweated through
my shirts all wet. 이런! 당신이 맞군요. 내가 얼마나 길을 헤맸는지 아세
요? 5분이면 찾아올 곳을 당신 때문에 30분을 헤매야 했어요. 덕분에 내 셔츠는
땀으로 범벅이 됐구요."

앨빈은 영한이 자신에게 길을 잘못 가르쳐준 사람임을 확신하
고 빠른 속도로 투덜대기 시작했다. 하지만 무슨 말인지 알아듣
지 못하는 영한은 바이어의 표정이 붉으락푸르락하는 것을 보며
고개만 갸웃거릴 뿐이었다.

"Don't just stand there! If you can say, give me some
excuses. 그렇게 듣고만 있을 게 아니라 당신도 입이 있으면 변명을 해봐요."
말을 끝낸 앨빈이 영한을 똑바로 쳐다보았다. 영한은 바이어의
말은 이해하지 못했지만, 그가 뭔가 자신의 대답을 기다린다는
느낌이 들었다.

"으음?"

영한은 눈을 동그랗게 뜨며 어깨를 한 번 들썩여 보였다. 외국
영화에서 등장인물들이 대답하기 곤란한 질문에 종종 그런 몸짓
을 하던 것이 기억이 난 것이다.

"You are really rude! If you make a mistake, you should
make an apology! 당신 정말 이상한 사람이군요! 잘못을 했으면 사과를

해야죠!"

그런 영한을 보며 앨빈은 불같이 화를 냈고, 때마침 통화를 끝낸 현석이 잽싸게 달려와 상황을 수습하기 시작했다. 영한은 그 틈을 이용해 슬며시 자리를 피했다. 더 이상 그 자리에 있어봤자 득이 될 것이 없었기 때문이었다.

"Hey, where are you going! You are running away without an apology? 아니, 당신 어딜 가는 거야! 지금 사과는 안 하고 도망치는 거지?"

앨빈은 슬며시 도망치는 영한을 향해 소리를 질렀다. 현석은 영한이 도망치는 것이 아니라 배가 아파 화장실에 가는 것이며, 그가 영어를 못 알아들어서 그러는 것이니 이해해달라고 열심히 설명했다.

"왜 그래? 무슨 일이야? 영한 씨가 뭐 실수라도 한 거야?"

팀장이 앨빈과 현석을 번갈아 쳐다보며 물었다.

"그게…."

일이 이렇게까지 커지니 더 이상 영한의 실수를 현석 혼자서만 알고 있을 수 없는 지경이 되었다. 게다가 팀장을 비롯한 다른 팀원들은 갑자기 벌어진 상황에 놀라 현석의 설명만을 기다리고 있었다.

할 수 없이 현석은 앨빈이 다짜고짜 화를 내는 이유를 사람들

에게 설명했다.

"오, 아임 쏘리! 아임 쏘리!"

현석의 말이 끝나자마자 팀장이 허리를 90도로 꺾으며 아임 쏘리를 연발했다. 팀장이 그러자 팀원들도 마찬가지로 허리를 숙이며 사과했다.

"Oh, you don't need to do this. 아니, 이렇게까지 할 필요는 없는데…."

사람들이 단체로 허리를 숙이며 사과하자 앨빈은 멋쩍게 웃으며 회의 장소가 어디냐고 물었다. 그도 다소 진정이 됐는지, 영어 때문에 벌어진 해프닝인데 너무 심하게 화를 낸 것 같다며 미안해하는 눈치였다. 겨우 무마된 상황에 안도하며 팀장과 팀원들은 서둘러 그를 회의실로 안내했다.

화장실에서 나온 영한은 모두가 회의실로 이동하는 모습을 보며 준비한 자료들을 들고 뒤따라갔다. 그런 영한의 모습을 본 팀장이 슬며시 걸음을 늦추고 영한을 기다렸다.

"영한 씨, 이게 어떻게 된 거야? 바이어한테 제대로 설명했다면서?"

팀장은 굳은 얼굴로 영한을 노려보며 말했다.

"그, 그게…."

"나중에 회의 끝나고 보자고. 지금부터 회의실 근처엔 얼씬도

하지 마!"

팀장은 영한의 손에서 자료를 홱 낚아채고는 종종걸음으로 회의실로 들어가버렸다.

"뭐야, 바이어도 나한테 소리를 막 지르고, 팀장님도 화를 내고. 아까 통화하면서 내가 무슨 실수라도 한 거야? 그런데 자기가 오케이라고 했잖아. 뭐가 이렇게 냉탕과 온탕을 오가는 거야!"

사무실에 홀로 남은 영한은 자신이 무엇을 잘못했는지 곰곰이 생각해 보았다. 아무리 생각해도 스트레이트, 라이트, 레프트 등 적절한 단어를 사용해 제대로 가르쳐준 것만 같았다. 발음이 서툴고 문장이 어색하기는 했겠지만, 자기 생각에 그 정도면 못 알아들을 정도는 아니었다.

"쳇! 한국에 오면서 한국말을 안 배워 온다는 게 말이 돼? 하다 못해 콩글리시라도 배워오든가. 파트너로서 태도가 안 되어 있어, 태도가!"

한참을 큰소리로 투덜대던 영한은 이내 한숨을 내쉬었다. 생각해보니 남을 탓할 처지가 아니었다. 요즘처럼 글로벌한 사회에서, 게다가 글로벌팀에 합류한 상황에서 영어 실력을 미리미리 키우지 않았던 자신의 잘못도 있다는 생각이 들었다.

사실 국내영업팀에 있는 동안에는 자신이 맡은 일만 책임지면 끝이었다. 더구나 국내영업 업무는 기존의 거래처를 관리하는 일이 대부분이라, 선배들로부터 배운 대로 일을 처리하면 그만이었다. 그러다 보니 영어로 말을 할 일이 전혀 없었다. 그나마 신입사원일 때는 자기계발에도 관심이 많았지만, 언제부터인가 평범한 일상에 푹 젖어든 월급쟁이가 되고 만 것이다.

그러다가 갑작스럽게 해외영업팀에 배치됐지만, 업무를 위해서는 영어 실력을 키워야 한다는 것을 알면서도 차일피일 미뤄온 것이 사실이었다. 그 결과 이런 사단이 생긴 것이다. 영한은 문득 스스로가 한심하게 느껴졌다. 영한은 땅이 꺼져라 한숨을 내쉬며, 바이어와의 미팅이 무사히 끝나기만을 기도했다.

Are you boring?!

조금 전까지 내리던 비가 그치고 어느덧 밝은 햇살이 거리 곳곳을 비추고 있었다. 아직 먹구름이 가시지 않아 언제 다시 비가 내릴지 몰랐지만, 간만에 나타난 햇살이 영한의 마음을 푸근하게 만들었다.

"영한 씨, 뭘 그리 생각해? 오늘 바이어랑 같이 하는 회식, 팀장님이 일찍부터 시작하라고 하시니 얼른 준비해."

"아, 예. 식당 예약은 아까 다시 한 번 확인했습니다."

"그래? 그렇지 않아도 팀장님이 예약이 잘 됐는지 꼼꼼히 확인하라고 하셨어."

다행히도 이틀에 걸친 앨빈과의 미팅은 순조롭게 마무리됐다. 영한 또한 자신이 무슨 실수를 저질렀는지도 알게 됐다. 앨빈은 영한의 뒤늦은 사과는 받아들였지만, 다시는 그런 실수가 없길 바란다는 경고의 메시지를 덧붙였다. 상황은 훈훈하게 마무리되었으나, 그 과정에서 팀장에게 엄청나게 깨진 것을 생각하면 다시는 겪고 싶지 않은 일이었다.

"이봐, 영한 씨. 길을 잘못 가르쳐준 게 뭐 그리 큰 잘못이냐고 생각하면 안 돼. 앨빈이 회의에서 은근히 문제 삼은 것은, 말도 제대로 안 통하는 쪽과 무슨 일을 하겠느냐는 거였어. 이제 막 일이 진행되려는 판에 우리가 어설프게 보여서야 되겠어?"

"죄송합니다, 팀장님. 저는 제대로 알아들은 줄 알고…."

"제대로야 알아들었겠지. 그런데 엉터리로 가르쳐준 게 문제잖아!"

팀장은 여전히 짜증스러운 목소리로 영한을 질책했다. 때마침 현석이 보고서를 가지고 오는 바람에 영한은 겨우 그 자리를 벗어날 수 있었다.

영한은 어제 있었던 일을 떠올리며 고개를 세차게 흔들었다. 하루 종일 끔찍한 악몽에 시달린 느낌이었다. 게다가 어제 일의 여파는 여전히 이어지고 있었다. 벌써 여러 차례 회식 장소를 확인하라는 지시를 내린 것만 보더라도, 팀장이 어제 일로 자신을 못미더워 한다는 것을 알 수 있었다.

앨빈과의 회식을 준비하라는 지시가 떨어지자, 영한은 이번만큼은 실수하지 않겠다는 생각에 인터넷을 뒤져가며 유명한 음식점을 찾았다. 다행히 앨빈과 팀원들은 영한이 안내한 음식점에 만족해했고, 이어 커피를 마시기 위해 근처 카페로 자리를 옮겼다.

"이곳 더치커피가 맛이 좋다고 합니다. 그리고 디저트로는 수제 호두파이가 훌륭하다는데요."

"음, 싱가포르에 있는 제 단골 카페 못지않은 맛과 향이네요. 아주 좋습니다."

"마음에 드신다니 다행입니다."

회식 자리에 만족해하는 앨빈을 보고 영한은 그제야 긴장을 풀 수 있었다. 이렇게라도 어제의 실수를 만회할 수 있다면 그게 어딘가? 팀원들과 앨빈은 커피를 주제로 이런저런 이야기를 나누었지만, 영한은 아직까지 팀장의 눈치가 보여 조심스럽게 커피만 홀짝거리고 있을 뿐이었다.

그렇게 한참 동안 이야기꽃을 피우고 나자 갑자기 분위기가 조용해졌다. 더 이상 나눌 이야깃거리가 없다 보니 각자 조용히 커피만 마시는 분위기였다. 침묵의 시간은 점점 길어졌고, 급기야 앨빈은 슬며시 하품까지 했다. 다들 누가 먼저 이야기를 꺼내야 할지 눈치만 보는 판국이었다.

그러자 영한에게 어제 있었던 실수를 만회할 수도 있겠다는 생각이 스멀스멀 피어올랐다. 주위를 살펴보니 현석은 다른 거래처에서 걸려온 전화를 받으러 잠시 자리를 비운 상태였다. 일단 대화의 물꼬를 텄다가, 대화가 길어질 때쯤이면 현석이 자리로 돌아올 테니 자신은 슬쩍 뒤로 물러나면 된다는 생각이 들었다.

커피를 홀짝거리며 눈치를 보던 영한은 앨빈과 눈이 마주쳤다. 앨빈은 순간 멋쩍은 듯 살짝 미소를 지었다. 그 미소에 자신감을 얻은 영한은 조금 전까지 속으로 몇 번이나 되뇌었던 영어 문장 한 마디를 꺼냈다.

"Are you boring?"

"What?"

"어, 어, boring! Are you boring?"

"What?!"

지금 분위기가 다소 지루하지 않느냐고 물었을 뿐인데, 앨빈의 반응이 이상했다. 갑자기 인상을 찌푸리더니 씩씩거리기까지 하는 것이었다. 영한은 또다시 영문을 몰라 불안한 눈빛으로 주위를 살폈다. 옆 사람과 소곤소곤 대화를 나누던 팀장과 팀원들도 무슨 일인가 싶어 영한과 앨빈을 번갈아 쳐다봤다.

앨빈은 어이가 없다는 표정을 지으면서 물을 벌컥벌컥 들이켰다. 통화를 마치고 자리로 돌아온 현석은 분위기가 심상치 않은 것을 보고 영한에게 물었다.

"무슨 일 있었어? 앨빈이 좀 언짢아하는 것 같은데?"

"아니, 난 그저 지금 분위기가 지루하지 않느냐고 물은 것뿐인데 저렇게 나오네."

"뭐라고 말했는데?"

"'Are you boring?' 이렇게 말했을 뿐이야."

"뭐라고? boring?"

"그래, boring. 지루하냐고 물어보려면 'Are you boring?', 이거 아냐?"

"이런…. 영한 씨, 그건 '당신은 지루한 사람인가요?'라는 말이야. 영한 씨 의도대로 하려면 'Are you bored?'라고 해야 한다고."

상황을 파악한 현석은 영한이 정확히 모르고 잘못된 표현을 쓴 것이라고 앨빈에게 해명했다. 현석은 앨빈이 그토록 화가 난 이유를 알 것 같았다. 길을 엉터리로 가르쳐줘서 고생하게 만든 장본인이 이번에는 자신에게 지루한 사람이라고 말했으니, 가뜩이나 영한에게 좋지 않은 인상을 갖고 있던 차에 발끈해버린 것이다.

무슨 상황인지 궁금해하는 팀장에게 현석이 귓속말로 대충 설명하자, 팀장 역시 거칠게 콧김을 뿜으며 찬물을 찾았다.

"여기 시원한 물 좀 가져와. 어휴, 아직 여름이 시작되지도 않았는데 왜 이렇게 더운 거야?"

현석은 이쯤에서 자리를 정리하는 것이 어떻겠냐면서 싸늘해진 분위기를 수습했다. 앨빈은 끝내 못마땅한 표정으로 카페를 떠났다.

"그럼 다들 내일 보자고. 흠!"

팀장은 차에 타서 운전대를 잡는 순간까지도 영한을 째려봤다. 영한은 몇 번이나 꾸벅 인사를 하면서 식은땀을 흘렸다.

"영한 씨도 참 대단하다. 영업사원이 아니라 분위기 반전 담당이었냐?"

한 팀원의 말에 모두가 킥킥거리며 웃었다. 얼굴이 벌게진 영한은 머리만 긁적일 뿐이었다.

"자자, 그만들 하고 우리도 들어가자고. 영한 씨도 내일 마무리 잘 하려면 어서 들어가야지."

김 대리의 말에 다들 웃음을 멈추고 각자의 집을 향해 떠나기 시작했다. 얼빠진 얼굴로 지하철역을 향해 걷던 영한은 갑자기 화가 치밀었다.

"젠장! 'boring'이 아니라 'bored'라고? 그게 그거 아냐? 대충 알아들으면 될 것을 뭘 그리 발끈하냐고! 한 끗 차이 가지고 죽일 놈이 다 됐군, 다 됐어. 에휴…."

억울한 심정이었지만 뭐라 변명할 수도 없는 노릇이었다. 앨빈도 앨빈이지만 연이은 실수로 완전히 팀장의 눈 밖에 난 것은 아닌지가 더욱 걱정이었다.

"그냥 국내영업팀에 계속 있을 걸 그랬나? 아휴, 내일은 정말 입 다물고 눈에 띄지 말아야겠다."

지하철 속 대롱대롱 매달린 손잡이에 의지한 영한의 눈에, 창문에 비친 자신의 모습이 들어왔다. 피곤에 절어 후줄근해진 모습은 둘째 치고, 이틀간 난리를 겪은 탓에 얼굴마저 늙어버린 것 같았다.

다음 날, 영한은 아침부터 단거리 육상 선수처럼 내달렸다. 출근 후 마지막 미팅을 준비하는 자리에서 갑자기 싸이 앨범을 사오라는 지시를 받았기 때문이었다. 전날 회식 자리에서 앨빈이 어설픈 손동작으로 춤까지 따라하며 싸이를 좋아한다고 했었는데, 이를 기억한 팀장이 싸이 앨범을 사오라고 지시한 것이다.

"아니, 그냥 인터넷에서 다운로드 받으면 될 텐데, 뭐 하러 사오라는 거야?"

물론 팀장은 이틀에 걸친 영한의 실수 때문에 다소 언짢았을 앨빈의 기분을 풀어주려고 계획한 것이었다. 원인 제공자인 영한으로서는 뭐라 말할 입장도 아니었기 때문에 시키는 대로 할 수밖에 없었다.

골목마다 음반가게를 찾아 기웃거린 끝에, 영한은 가까스로 싸이 앨범을 살 수 있었다. 숨을 헐떡이며 들어오는 영한을 본 앨빈은 사연이 궁금했는지 영한에게 말을 걸었다.

"So, where are you from today?"

여전히 LTE처럼 빠른 말이었지만 'where are you from'이라는 말은 명확하게 들렸다. 영한은 자신이 영어를 알아들었다는 기쁨도 컸지만, 한편으론 앨빈의 뜬금없는 질문에 살짝 당황스러웠다.

'뭐야, 어느 나라 사람이냐고? 내가 한국인이라는 걸 몰라서 저러는 거야? 나한테 당했다고 생각해서 비아냥거리는 건가?'

살짝 기분이 나빴지만, 아무런 대꾸도 하지 않았다가 꼬투리라도 잡힐까 봐 영한은 얼른 대답했다.

"하하! 아임 프롬 코리아! 아임 오리지널 코리안!"

영한은 과장된 웃음을 터뜨리며 또박또박 큰 소리로 대답했다.

"Huh, I'm asking where are you from today?"

앨빈이 같은 질문을 반복하자 영한은 자신의 발음에 문제가 있는지 고개를 갸웃거렸다. 한국 사람이라고 하는데도 왜 자꾸 묻는지 짜증이 났다. 옆에 앉은 현석을 힐끗 바라보니, 현석은 손가락으로 싸이 앨범을 가리켰다.

'그래, 싸이처럼 나는 한국인이라고!'

현석의 손가락 제스처를 이해했다는 듯, 영한은 다시 한 번 큰 소리로 말했다.

"아임 프롬 코리아!"

영한이 다시 한 번 자신은 한국인이라고 하자 앨빈은 폭소를 터뜨리며 어깨를 으쓱했다. 곧바로 회의가 시작되었지만, 영한은 대체 뭐가 잘못된 것인지 몰라 답답하기만 했다.

회의가 끝나고 자리로 돌아가는 영한에게 현석이 다가왔다.

"영한 씨, 앨빈이 물어본 건 오늘 어디서 오는 길이냐는 뜻이야. 그런데도 자꾸 나는 한국인이라고 대답하니 앨빈이 그랬던 거야."

"뭐? 아니, 'Where are you from?'이라고 했잖아? 그게 어느 나라 사람이냐는 말 아냐? 나는 그렇게 배웠었는데."

"today를 붙여서 물었잖아. 그러니까 어느 나라 사람이냐는 뜻이 아닌 거지."

말을 마치고 자기 자리를 향해 가고 있는 현석을 보며 영한은 혼잣말을 내뱉었다

"뭔 말이래? 'Where are you from?'하면, '아임 프롬 코리아'

라고 대답하는 건 초등학생도 다 아는 거잖아! 그나저나 이제 나한테 영어까지 훈수를 두겠다는 거야? 나 참."

현석이 비꼬면서 말한 것도 아닌데 영한은 왠지 모르게 자존심이 상했다. 지나간 일이니 잊어버리려고 생각해도 상한 마음은 쉽게 풀리지 않았다.

우여곡절이 있었지만 이스트일렉트로닉스 제품에 대한 신뢰가 컸던 덕분에, 싱가포르 업체는 영한의 회사와 계약하고 싶다는 의사를 내보였다. 기분이 좋아진 팀장은 모처럼 화끈하게 회식을 하자고 제안했다.

이번 계약의 주역은 두 사람이었다. 물론 베스트는 현석이었고 워스트는 영한이었다. 한쪽에 대해서는 칭찬 일색이었지만, 다른 한쪽은 온갖 놀림을 한몸에 받았다.

"현석 씨는 역시 유학파라서 달라. 통역도 아주 매끄럽고 바이어들의 기분도 세심하게 살필 줄 알고. 대단해!"

"그러게 말이야. 현석 씨가 큰 역할 했지. 그래도 영한 씨도 한 몫했잖아. 안 그래?"

"앞으로 영한 씨를 트러블 메이커라고 부를까 봐. 하하하!"

회식 자리가 무르익어 갈수록 영한의 말실수는 최고의 안주가 되었다. 이제 좀 그만해달라는 바람을 넌지시 내비쳤지만 짓궂은 팀원들은 멈출 줄 몰랐다. 한바탕 놀림거리가 된 영한은 씁쓸한 기분을 가라앉힐 수 없었다. 팀장과 다른 팀원들 앞에서 겉으로는 웃고 있었지만, 이미 속은 꼬일 대로 꼬여버렸다.

어느덧 회식이 끝나고 자리가 파하는 분위기가 되었다. 다음 날 피곤하지 않으려면 영한도 어서 집에 들어가야 했지만, 그는 슬며시 김 대리를 붙잡았다.

"저, 대리님, 저랑 따로 한 잔 어떠세요?"

"영한 씨 스트레스 많이 받았나 봐? 술도 많이 안 먹는 사람이 이런 정도면 말이야."

"아니, 그게…."

김 대리가 술을 따라주자 영한은 단숨에 잔을 비웠다.

"제가 말실수를 한 건 맞지만 일부러 그런 것도 아닌데…. 다들 너무하시는 것 같아요."

"글쎄, 오늘 다들 짓궂긴 했지. 그래도 이런 장난이야 종종 있잖아. 물론 당사자는 좀 괴롭고 부끄럽겠지만."

"제 생각에는 장난으로 그치는 게 아닌 것 같아서요. 팀장님은 은근히 현석 씨와 저를 비교하며 깔보는 눈치셨어요."

김 대리는 잠시 뭔가를 생각하더니 작심한 듯 말을 꺼냈다.

"영한 씨, 오늘 조금 편하게 이야기할게. 내가 봤을 때는 팀장님이 단지 말실수 때문에 영한 씨에게 그러시는 게 아냐. 영한 씨의 문제는 똑같은 실수를 반복하면서도 고칠 생각은 안 하고 있다는 거지. 하기야 사흘 동안 뭔가 바꿀 수 있는 것은 없었을 거야. 그러나 관리자들은 단지 요 며칠만을 가지고 판단하지는 않아."

자신의 푸념을 들어줄 거라고 생각했던 김 대리가 정색하며 말을 꺼내자 영한은 당황했다. 하지만 뭐라 반박할 수 있는 말이 하나도 없었다.

"기분 나빠도 들어 봐. 사람들이 현석 씨와 영한 씨의 현재 능력만 놓고 비교하는 게 아니야. 현석 씨는 평소에도 자기계발을 열심히 하는 친구라고 소문이 났어. 영어만 잘하는 게 아니라, 시키지도 않았는데 업무와 관련해서 이것저것 찾아보며 공부하더라고. 하지만 영한 씨는 어때?"

김 대리의 질문에 영한은 아무런 대답도 하지 못했다. 이번 실수가 이토록 심각한 대화가 오갈 만한 것인지 전혀 예상하지 못했던 것이다. 김 대리는 영한의 빈 잔에 다시 술을 따라주며 말했다.

"내가 봤을 때는 말이야, 영한 씨가 지금까지의 패턴에서 벗어나 앞으로를 생각해야 할 것 같아. 영한 씨가 영업 업무를 쭉 해왔지만 이제는 해외영업을 해야 하잖아. 그럼 당연히 영어를 좀 더 잘해야 하지 않을까? 나나 팀장님, 그리고 다른 팀원들은 현석 씨만큼은 아니지만 듣고 말하는 것은 어느 정도 하지. 그런데 영한 씨는 읽고 쓰기는 되는지 몰라도, 영어로 말하고 듣는 건 거의 안 되고 있잖아?"

"그건 제가 갑자기 이 팀에 오는 바람에 미처 준비가⋯."

"준비? 준비는 지금부터라도 해야지. 나는 훗날을 말하는 거야. 영한 씨나 현석 씨도 얼마 후에는 대리 직급을 달 거야. 대리까지는 지금처럼 해도 시간이 지나면 저절로 올라가지. 하지만 그 다음에는? 그때부터는 개인의 능력이나 성과를 따질 텐데 지금처럼 한다면 어떻게 될까? 영어로 말도 못하는 팀원이 해외영업 부서에 무슨 필요가 있겠어?"

영한은 갑자기 얼굴이 화끈거렸다. 주위 사람들이 이렇게까지 생각하고 있을 줄은 몰랐던 것이다. 자신은 하루하루 스트레스 받는 것만 생각하고 있었는데, 위에서는 벌써부터 앞으로의 일을 염두에 두고 있었다.

김 대리와의 술자리를 끝낸 영한은 집으로 가는 발걸음이 너무나 무거웠다. 횡단보도 앞에 선 채 멍한 눈으로 오가는 차를 바라보고 있는데, 웬 차가 매연을 마구 뿜으며 털털거리는 소리를 내고 지나갔다. 보아하니 차가 저 지경이 된 지는 꽤 됐을 텐데, 그래도 움직인다는 이유로 여지껏 몰고 다니는 듯 보였다.
"저러다 길 한 가운데에서 퍼져 버리지, 쯧쯧. 에휴, 지금 내 신세가 저 똥차 같다는 말이구나."
 시커먼 매연의 꼬리자락을 바라보던 영한은 한숨을 내쉬었다. 벌써부터 한치 앞을 기약할 수 없는 똥차처럼 보였을 자신이 너무나 한심했다.

키맨을 만나라

악몽 같은 며칠이 지나가고 바이어 앨빈도 싱가포르로 돌아갔다. 영한은 모처럼 찾아온 평온함을 만끽하며 해가 중천에 떠오를 때까지 침대를 지켰다. 그러다가 배에서 꼬르륵 소리가 연이어 들리자 마지 못해 침대에서 일어났다. 냉장고를 뒤져 지난 밤 먹다 남은 치킨으로 배고픔을 달랜 그는 다시 침대에 누우려다 말고 갑자기 노트북을 켰다. 휴일만큼은 온전히 쉬어야 한다는 것이 영한의 신념이었지만, 그 신념을 지키기엔 자신의 현재 처지가 곤궁하다는 것을 뼈저리게 느끼고 있었다.

"전화 영어? 회화 학원? 그나저나 학원이 뭐가 이리 많아?"

모니터를 뚫어져라 쳐다보던 영한은 저도 모르게 한숨이 터져 나왔다. 서로 자신의 교육 방법이 최고라며 홍보하는 여러 학원들 중에서 옥석을 가려내기가 쉬운 일은 아닌 듯 보였다.

"이 좋은 날에 방구석에 처박혀 뭐해?"

목을 쭉 뺀 채 노트북을 들여다보고 있는 영한을 보고 나한이 한심하다는 듯 혀를 차댔다.

"뭐야, 넌 노크도 없이."

한 살 터울인 동생 나한은 영한과는 성격이 확연히 달랐다. 모든 일에 적극적이고 주어진 일은 똑 소리나게 처리할 만큼 야무진 그였다.

"나 기분 별로니까 얼른 볼일 보고 나가."

"왜? 뭔 일 있어?"

옷장에서 옷을 고르던 나한이 영한을 힐끔거리며 물었다. 영한은 대답 대신 침대에 벌러덩 누워버렸다.

"또 뭔데 그래?"

나한은 영한이 펼쳐놓은 노트북의 모니터를 들여다봤다.

"영어 회화? 갑자기 영어 회화는 왜?"

"넌 왜 남의 걸 막 보고 그러냐!"

영한이 투덜거리며 노트북을 덮어버렸다.

"형이 하도 땅이 꺼져라 한숨을 내쉬니 그러지."

"에휴."

영한은 대답 대신 또 한숨만 내쉬었다.

"아참, 나 오늘 하루만 이거 빌려주면 안 돼?"

나한은 영한이 지난 달 거금을 들여서 산 고급 브랜드의 셔츠를 만지작거리며 씨익 웃었다.

"맘대로 해라. 언제부터 나한테 허락씩이나 구하셨다고."

"앗싸! 땡큐요, 땡큐!"

"참, 너 혹시 우리 중학생 때 엄마가 사주셨던 영어 회화 테이프 못 봤어?"

"진즉에 버렸지. 중학생 때면 언젠데 그게 아직도 있을 것 같아?"

"그걸 왜 버려! 그게 네 거야?"

영한은 나한의 뒤통수를 향해 소리를 버럭 질렀다.

"왜 소리를 지르고 난리야! 그리고 요즘 누가 테이프를 듣냐?"

"아, 됐어. 어서 나가."

영한은 귀찮은 듯 손을 내저으며 말했다.

"그런데 갑자기 그 구닥다리 테이프는 왜 찾아?"

"영어를 해야 하니까 그렇지!"

영한은 여전히 짜증스러운 목소리로 대답했다.

"그니까 왜 갑자기 영어를 한다고 난리냐고? 내가 그렇게 영어 회화 좀 하라고 할 때는 귓등으로 듣더니."

영한과는 달리 나한은 대학생 때부터 원어민과도 곧잘 대화할 정도로 회화에 능숙했다. 반면 영한은 토익 점수는 어느 정도 되면서도, 영어로 대화하는 것은 늘 힘겨워했다.

"갑자기 영어는 왜? 영어 못하면 누가 형 죽인대?"
"회사가 날 죽인단다, 회!사!가!"
"형 너 영어 못해서 회사에서 잘리는구나, 쯧쯧."
"이게 정말!"

영한은 당장 던질 기세로 옆에 있던 베개를 들어올렸다.

"아, 알았어. 무슨 일인지 얘기나 해보라고."

나한은 의자를 당겨 영한의 침대 가까이에 앉았다. 영한은 며칠 동안 어쭙잖은 영어 실력으로 중요한 바이어에게 큰 실수를 했던 것에 대해서 털어놓았다.

"어휴, 모르면 그냥 입 다물고 있지. 왜 나서서 문제를 일으켰어?"
"너까지 그러기냐?"
"속상하니까 그러지."
"내 속은 어떻겠냐? 벌써 시커멓게 타서 재가 다 됐다고."
"어쩌냐. 내가 영어를 좀 하긴 하지만 누굴 가르치는 데는 영 소질이 없어서 말이야."

"야, 나도 너한테 배울 마음은 없거든? 너한테 배우다가는 싸우다가 시간 다 보낼걸."

뭔가를 골똘히 생각하던 나한이 갑자기 무릎을 탁 치며 큰 소리로 말했다.

"그래, 키맨! 키맨을 만나봐!"

"엉? 키맨?"

"응, 키맨. 그 사람이라면 분명 형의 고민을 해결해 줄 수 있을 거야!"

"외국인이야?"

"아니, 우리나라 사람이야. 외국에 나가본 적도 없는 순수 토종이지."

나한은 키맨이 자신의 대학 선배로, 한국에서 독학으로 영어 회화를 익혔지만 어학연수나 유학을 다녀온 사람 못지않게 뛰어난 영어 실력을 가진 인물이라고 설명했다.

"그 사람이 가르치는 것도 잘 할까? 나 같은 사람은 잘 가르쳐 주는 사람을 만나는 게 중요할 것 같은데."

"당연하지. 키맨은 우리나라에서 손꼽히는 회사의 팀장이지만, 지금도 주말에는 일반인들에게 영어 회화를 가르치고 있어. 아무튼 직접 만나보면 왜 사람들이 그를 두고 'key-man'이라 부르는지 알게 될 거야."

나한은 자신의 휴대폰을 꺼내 키맨의 연락처를 영한에게 알려주었다. 자신도 따로 연락을 해두겠지만 영한이 직접 전화를 해서 약속을 잡으라고 했다. 일단 뭐든지 첫걸음을 내딛는 것이 중요하지만 본인의 의지가 있어야 두 번째, 세 번째 걸음도 내딛을 수 있다는 말이었다.

월요일, 영한은 키맨과 만나기 위해 퇴근을 서둘렀다. 미처 끝내지 못한 업무가 있었지만, 키맨과의 만남이 더욱 급했기에 영한은 6시가 되자 미련 없이 사무실을 박차고 나왔다.

지난 주말, 영한은 떨리는 마음으로 키맨에게 전화를 걸었다. 그는 나한에게서 전해 들었다며 반갑게 인사했다. 곧 새로운 팀이 꾸려지면 트레이닝에 들어 갈 예정이니, 월요일 저녁에 만나 이야기를 나눈 후 그 팀에 합류할 것인지 결정하라고 했다.

"여기예요!"

커피숍에 들어서자마자 키맨이 손을 번쩍 들어 영한을 불렀다. 나한과 닮아 금세 알아본 모양이었다.

"영어 때문에 회사에서 어려운 상황에 처해 있다고 들었어요."

"네, 맞아요. 영어를 전혀 공부해보지 않은 것도 아닌데 왜 이렇게 말하기가 안 되는지 모르겠어요."

"사실 그게 영한 씨만의 문제는 아니거든요. 영어를 언어가 아닌 학문으로 공부해온 우리나라 사람들 대부분의 문제이죠."

"그, 그렇죠? 제가 특별히 못나거나 모자라서 그런 게 아니죠?"

"그럼요. 아직도 많은 사람들이 영어 회화를 어려워하잖아요? 만약에 운전면허시험을 준비하는데, 필기 이론만 10년째 공부하면서 정작 주행 연습은 안 하고 있다면 이상하겠죠? 그런데 대부분의 한국인들이 그래요. 그동안 '영어에 대해 공부'만 해왔으니 실제 상황에서 회화를 못하는 건 당연하죠."

"아…."

"그리고 정말로 영어 회화를 잘하고 싶다면, 확실하게 각오하고 제대로 하셔야 해요."

영한은 키맨의 말이 무슨 뜻인지 바로 알아들었다. 자신이 영어 회화를 못하는 것도, 따지고 보면 열심히 하겠다는 의지나 절박함이 없었기 때문임을 잘 알고 있었다.

"사실 영어는 지금 제게 선택이 아닌 생존의 문제가 됐어요. 당장 회사에서 살아남기 위해서는 영어가 절실해요. 그리고 무엇보다도 영어를 정복함으로써 미래의 제 모습까지도 바꾸고 싶어요."

영한은 지금까지 살아오면서 어려운 과제를 만나면 피해 다니기만 했다. 제대로 맞서면서 극복해보겠다는 생각을 해본 적이 없었다. 그렇기 때문에 길을 찾다가 닫힌 문을 만나면 그것을 열기보다는 뒤돌아서 다른 길로 향했다. 그렇게 돌고 돌다 결국 벼랑 끝으로 몰린 것이다.

"영어라는 문을 열지 못해 또 뒤돌아선다면 앞으로 저는 그 무엇도 해내지 못할 것 같아요."

"그렇게 말하는 걸 보니 틀림없이 달라질 수 있을 거예요."

키맨은 지금의 이 마음을 유지한다면 반드시 영어와 친해질 수 있을 거라며 영한을 격려했다.

"그런데 영한 씨, 말씀 잘 하시는데요? 나한이는 형이 말주변이 없어서 표현을 잘 못할 거라고 했는데. 녀석이 자기 형의 진가를 아직 모르는 모양이네요. 하하."

"그, 그런가요?"

키맨의 칭찬에 영한은 머리를 긁적이며 멋쩍게 웃었다. 그러고 보니 영한도 처음 만난 사람 앞에서 편안하게 이야기를 하는 자신의 모습이 신기했다. 그만큼 절박하기도 했지만 키맨의 말투에는 사람의 마음을 열게 하는 무언가가 있었다.

"사실 불과 몇 년 전까지만 해도 저는 정말 소심하고 내성적인 사람이었어요. 게다가 왜소한 체격 때문에 괜히 먼저 주눅이 들어버리는, 그야말로 콤플렉스 덩어리였죠."

"전혀 그렇게 안 보여요. 당당하고 에너지 넘치는 성격 같으신데."

영한이 의외라는 듯 고개를 갸웃거리자 키맨은 호탕하게 웃었다. 자신의 성격과 태도를 180도 바꾸어 놓은 것이 다름 아닌 영어였다며, 영한 역시 영어와 친해짐으로써 많은 것이 달라질 수 있을 거라고 했다.

"제가 정말 잘할 수 있을까요?"

"변화의 필요성을 느꼈다면 현재 자신이 처한 상황에서 탈출해야 해요. 문을 박차고 나가 다른 세상으로 들어가야 하죠. 그것을 위해서는 문을 열 수 있는 열쇠가 필요해요. 영한 씨는 그것이 영어라고 생각하고 있는 거잖아요?"

"그렇긴 한데…."

"그렇다면 스스로를 한 번 믿어 봐요. 나도 예전엔 그랬어요. 나 자신을 믿지 못하니 나는 물론 주변 사람까지 힘들게 만들었죠. 하지만 지금의 나는 완전히 달라져 있거든요. 그러니 영한 씨도 영어를 극복하면 지금의 모습과는 달라져 있을 거예요."

집으로 돌아온 영한은 키맨과 나눴던 이야기를 나한에게 들려주었다. 그러자 나한이 말했다.

"내 대학 동기나 후배들 중엔 키맨을 롤모델로 여기는 사람들도 꽤 많아. 물론 그 형이 영어를 잘하기 때문만은 아니야."

나한은 키맨이 영어를 정복함으로써 자존감과 자신감을 되찾았고, 꿈꾸던 회사에도 들어갈 수 있었다고 했다. 또한 늘 적극적이고 자신감 있는 태도로 업무를 수행한 덕분에, 최연소 팀장의 타이틀까지 거머쥐었다는 것이다.

이후 키맨은 자신의 깨달음을 다른 이들에게도 전하기 위해 영어 회화 동호회를 이끌며 사람들을 가르치기 시작했다. 물론 유학은커녕 어학연수조차도 다녀오지 못한 사람이 남을 가르친다는 것을 이해하지 못하는 사람도 있었다. 하지만 그에게 트레이닝을 받은 사람들은 다시 누군가를 가르칠 수 있을 만큼 실력이 월등하게 향상되었고, 영어 벙어리나 다름없던 사람들은 당당하게 영어로 말할 수 있게 되었다. 키맨 덕분에 영어 회화 실력이 향상되고 성격이나 태도까지 긍정적으로 변하게 되자, 사람들은 마치 약속이라도 한 듯 그를 'key-man'이라고 부르게 되었던 것이다.

"그래? 네 말을 듣고 나니 키맨의 수업이 더욱 기대되는데?"

"하지만 반드시 기억해야 할 게 있어. 문을 열고 들어가는 사람은 키맨이 아니라 형 자신이란 것!"

나한은 영한의 어깨를 툭 치며 씽긋 웃어보였다.

눈으로 배우는 언어 vs 입으로 배우는 언어

며칠 동안 영한은 키맨의 수업이 무척이나 기다려졌다. 다행히 새롭게 꾸려진 팀에 바로 합류하게 되어, 기다림의 시간은 길지 않았다.

"저, 여기가…."

영한은 키맨이 알려준 수업 장소에 도착해 문을 두드렸다. 아무 대답도 들려오지 않아 슬며시 문을 열고 들어가니, 벌써 몇몇 사람들이 와 있었다. 그들은 영한을 힐끔 쳐다봤지만, 다시 고개를 숙이고 각자의 스마트폰만 열심히 바라보았다. 어색한 분위기 때문에 영한도 자연히 스마트폰만 만지작거릴 수밖에 없었다.

얼마 후 키맨이 문을 열고 들어왔다.

"서로들 인사는 나누셨나요? 음, 표정을 보니 아직인 모양이군요!"

키맨은 자기를 소개하는 시간부터 가지자고 했다. 대신 어디 사는 누구인지, 몇 살인지 하는 식의 상투적인 소개보다는 다른 사람의 머릿속에 콕 집어넣을 수 있는 인상적인 닉네임과 영어 회화를 꼭 잘해야 하는 이유를 들려달라고 했다.

"어느 분이 먼저 하실래요?"

키맨이 사람들의 얼굴을 일일이 쳐다보며 물었지만 모두들 눈길을 피할 뿐이었다.

"그럼 시계 방향으로 돌면서 소개하는 걸로 하죠. 자, 빨간 구두를 신은 숙녀 분부터 시작해 볼까요?"

키맨의 말이 떨어지기 무섭게 모두들 빨간 구두를 신은 젊은 여자를 바라보았다. 그녀는 느릿느릿 자리에서 일어나 기어들어 가는 목소리로 말했다.

"아, 안녕하세요. 제 닉네임은 '빨간 구두'로 할게요. 예뻐서 사긴 샀는데, 남들이 쳐다보는 것이 부담스러워 고이 모셔만 두다가 오늘 처음으로 신고 나왔어요. 언젠가는 저도 이 빨간 구두처럼 당당하게 저를 세상에 보여줄 날이 있겠죠."

빨간 구두가 수줍게 웃으며 말하자 모두들 크게 박수를 치기 시작했다.

"참, 제가 영어 회화를 잘하고 싶은 이유는 회사에서 좀 더 나은 대우를 받기 위해서예요. 제가 맡은 업무가 고객들의 어려움이나 불만을 듣고 처리하는 일인데, 요즘은 외국인들도 종종 찾아오더라고요. 그때마다 기본적인 회화도 못해서 꿀 먹은 벙어리가 되는 제 모습이 못나 보였어요. 영어를 잘하는 동료가 나서서 대신 제 업무를 처리해주긴 했지만 괜히 눈치도 보이고 미안하기도 하더군요."

빨간 구두는 외국인 앞에서도 기죽지 않고 당당하게 영어로 말하는 자신의 모습을 상상하면 기분이 좋아진다는 말로 소개를 마무리했다. 영한은 자신과 비슷한 처지에 놓인 빨간 구두에게 어쩐지 동지 의식이 느껴졌다.

"안녕하세요. 저는 닉네임을 '무늬만 영어'로 하겠습니다."

건장한 체격의 남자가 소개를 시작하자 모두 큰소리로 웃었다. 알고 보니 무늬만 영어는 보습학원에서 영어를 가르치는 선생님이었다.

"사람들은 제가 학원에서 영어를 가르친다고 하니 영어를 유창하게 할 것이라고 기대하더군요. 그런데 현실은 그게 아니잖습니까? 여러분도 알다시피 문법 위주로 공부하는 우리나라에서 영어로 말을 잘한다는 게 쉬운 일이 아니죠."

무늬만 영어는 얼마 전 길을 가다 자신에게 말을 걸어오는 외국인에게 'I'm sorry'만 반복했다가 제자들의 야유를 들어야만 했다고 고백했다.

"정말 쥐구멍이라도 있으면 쏙 숨어버리고 싶더라고요."

무늬만 영어는 큰 덩치가 무색하게 어깨를 잔뜩 움츠리고는 다시 자리에 앉았다. 이번에도 사람들은 박수를 치며 그를 격려했다.

이윽고 영한의 차례였다.

"안녕하세요. 전 닉네임을 '영한'으로 할게요. '영어에 한이 맺히려는 사람'이라는 뜻이기도 하고, 제 이름이기도 해요. 지금 저에게 영어는 직장에서 살아남느냐, 뒤처지느냐를 결정짓는 존재입니다. 몇 달 전 해외영업팀으로 발령을 받았는데 영어로는 제대로 말도 못 하거든요. 물론 다른 부서로 옮기거나 이직을 한다면 당장의 문제는 해결될 겁니다. 하지만 저는 그렇게 하고 싶지 않아요. 이제는 나 자신을 위해 '노력'이란 걸 해보고 싶습니다. 그래서 이 수업에 정말 열심히 참여하고 싶어요."

영한의 이야기가 끝나자 강의실에는 잠시 침묵이 흘렀다. 하지만 이내 여기저기서 박수가 터져 나왔다. 영한은 평소와 다르게 처음 보는 사람들 앞에서 솔직한 모습을 보인 것이 조금 쑥스러워졌다. 하지만 사람들의 박수소리에 용기가 솟았다. 어차피 절박함으로 찾은 이곳이 아닌가. 여기에서까지 아는 척, 괜찮은 척

포장하고 싶지는 않았다.

"전 2년 넘게 토익 학원을 전전했어요."

영한의 소개가 끝나자 다른 이들이 차례로 일어나 이야기를 이어갔다. 토익을 아무리 열심히 해도 회화 실력은 제자리라 이곳에 오게 되었다는 '샤론', 유창하게 영어를 잘하는 남자에게 반해 자신을 차버린 전 여친에게 보란 듯이 영어를 해보이겠다며 이를 가는 '개츠비', 미국으로 발령이 난 남편을 따라 곧 미국에 가야 하지만 하루에도 열두 번씩 영어 울렁증을 겪고 있다는 '천상주부'까지, 모두의 소개가 끝나자 키맨은 흐뭇한 미소를 지으며 말했다.

"자, 그럼 다같이 박수를 치며 서로를 응원해 볼까요? 물론 자신을 가장 많이 격려해주셔야 해요. 오늘부터 우리는 새롭게 도전하고, 각자 원하는 모습을 향해 한 걸음씩 다가갈 겁니다!"

키맨의 이야기가 끝나자 멤버들은 서로를 향해 힘차게 박수치기 시작했다. 영한도 자신을 위해, 그리고 함께할 멤버들을 위해 그 어느 때보다 힘주어 박수를 쳤다.

"최소 6년은 영어를 공부했는데도 왜 영어로 말 한마디 못 하는 걸까요?"

　U자 모양으로 생긴 테이블의 한가운데에 선 키맨이 간단한 질문으로 첫 수업을 시작했다.

　"글쎄요, 단어를 많이 알지 못해서가 아닐까요? 하고 싶은 말은 많은데, 그 말을 표현할 적당한 단어를 알지 못하니 우물거리기만 하는 것 같아요."

　제일 먼저 대답한 이는 천상주부였다. 그녀는 고등학교 졸업 이후 영어책을 놓은 탓에, 쉬운 단어도 가물가물하다며 한숨을 내쉬었다.

　"문법을 잘 몰라서!"

　이번에는 빨간 구두가 대답했다. 학창 시절 문법에 가장 약했는데, 아마도 그것 때문에 자신이 영어를 못하는 것 같다는 거였다.

　"그건 아닌 것 같아요. 아까도 말씀드렸지만 전 아이들에게 영어를 가르치는 사람이라 문법만큼은 많이 안다고 자부하거든요. 그런데도 실전에선 입이 안 떨어지니까요."

　무늬만 영어가 멋쩍어하며 말했다.

　"혹시 발음 때문에 괜히 주눅이 들어서 그런 건 아닐까요?"

　이번에는 개츠비였다. 그는 어설픈 발음으로 외국인에게 말을 걸었다가, 상대가 무슨 말인지 못 알아듣는 바람에 망신만 당한 친구를 봤다고 말했다.

"영한 씨는 어떻게 생각하세요? 우리나라 사람들은 왜 영어 회화를 못 하는 걸까요?"

키맨은 아직 대답을 하지 않은 영한을 바라보며 다시 물었다.

"아, 지난번에 말씀하신 것 같은데…. 뭐였지?"

분명 키맨과의 첫 만남에서 그 이유를 들은 것 같은데 명확하게 기억이 나지 않아 영한은 머뭇거렸다.

"도대체 한국 사람들은 왜 영어 회화를 못 하는 거죠?"

기다리다 지친 샤론이 답답하다는 듯 키맨에게 다그쳐 물었다. 하지만 키맨은 대답 대신 계속 질문을 이어갔다.

"우리는 그동안 다양한 방법으로 영어 회화를 잘하려고 노력해 오지 않았나요? 그 어떤 학문보다도 오랫동안 영어를 공부해 왔고요. 여기 모인 분들 대부분이 중·고등학교에서 영어를 공부했고, 대학교에 들어가서도 취업이나 각종 시험 때문에 많은 시간을 영어에 투자하셨을 거예요. 그렇죠?"

"그건 그렇죠."

"전 그 세월이 20년이 넘네요."

"전 심지어 직업도 영어 선생님이고 말이죠."

키맨이 다시 말을 이었다.

"재미있는 이야기 하나 들려드릴게요. 2013년에 제가 학생들 실력이 좋기로 이름난 어떤 고등학교에 강연을 하러 갔었어요."

키맨은 강연 전에 그 학교의 교장 선생님과 대화를 나누다가, 고등학교에 특강을 다녀보니 학생들이 쉬운 영어도 잘하지 못하더라는 이야기를 하게 되었다. 그러자 교장 선생님은 자기 학교의 학생들은 다를 거라며 자신 있게 말했다. 영어 선생님들도 더 전문적이고 해외로 어학연수를 다녀온 학생도 제법 있다는 것이었다.

"그래서 혹시나 하는 기대로 특강 중에 학생들에게 질문을 던졌어요. '왜 저 친구는 영어를 못해요?'를 영어로 말해보라고 했죠. 순간 정적이 흐르더군요. 많은 학생들이 friend, speak, English 등등 단어는 나열하면서 정작 제대로 된 문장을 완성하지는 못하는 거예요. 교장 선생님의 표정이 점점 굳어지시더군요. 그래서 분위기를 바꿔보려고 영어 선생님에게 답을 물었죠. 그런데 그 선생님마저도 문장을 완성하지 못하셨어요."

"서, 설마요…. 그래도 고등학교 영어 선생님인데."

천상주부가 믿기지 않는다는 듯 말했다.

"안타깝지만 사실이에요. 이게 영어를 그토록 열심히 공부하는 우리의 현실이죠."

강의실에는 잠시 침묵이 흘렀다.

"여러분이 영어 회화를 못하는 것은 노력하지 않아서가 아닙니다. 지금껏 잘못된 방법으로 공부했기 때문에 못하는 겁니다. 우리는 지금껏 문법을 외우고 단어를 외우는 식으로 영어 문장들을

'분석'하고 '번역'했습니다. 영어는 '언어'임에도, 정작 소통의 도구로는 사용해보지도 않은 채 영어에 대한 '지식'들만 10년 넘게 공부해온 것이죠. 너무 오랫동안 그런 식으로 해온 탓에, 단어와 문법을 파고들어야만 제대로 영어를 공부한 것 같은 뿌듯함을 느끼고요."

"그럼 지금까지 우리가 영어를 잘못 배워왔다는 말인가요?"

개츠비가 믿을 수 없다는 표정을 지으며 질문했다.

"그렇습니다. 지금껏 여러분이 배워온 영어와 앞으로 우리가 해야 할 영어는 다릅니다. 지금까지의 영어가 눈으로 익혀온 영어, 지식으로 공부한 영어, 시험 과목으로 대했던 영어라면, 앞으로는 실제로 사용하며 일상에서 자리잡는 언어로서의 영어인 거죠. 지금까지 영어를 못했어도 괜찮아요. 우리가 해야 할 영어랑은 별로 관련이 없으니까요. 다만 잘못된 습관에서는 빠져나와야 합니다. 그 방법은 앞으로 제가 하나하나 가르쳐 드릴 거고요."

지금껏 누구도 이런 이야기를 해준 적이 없었기 때문인지, 모두들 조금 놀란 분위기였다.

"If you want a different result, do something different."

키맨의 느닷없는 영어에 모두가 눈만 멀뚱거렸다.

"다른 결과를 원한다면 다르게 시도해보라는 말입니다. 영어도 마찬가지예요. 지금까지 해왔던 방법으로 만족스런 결과를 얻지 못했다면 다른 방법으로 훈련해야 합니다. 그래야 결과도 달라지죠."

"그럼 대체 어떻게 해야 영어 회화를 잘할 수 있죠?"

무늬만 영어가 답답하다는 듯 물었다.

"운전을 잘하고 싶다면서 죽자 살자 책만 보면 저절로 운전이 되나요? 당연히 운전하는 것을 연습해야겠죠? 이처럼 영어로 유창하게 말을 하고 싶다면 우선 '소리를 내야' 합니다. 계속 말씀 드리지만 영어는 학문이 아닌 언어이기 때문이죠. 한국인이 영어를 못하는 가장 큰 이유가 바로 소리를 내지 않기 때문입니다. 외국인과 눈으로 대화할 거예요? 영어를 눈으로만 공부하는데 외국인 만나서 말이 나오면 그게 더 이상한 거 아닐까요?"

키맨의 말에 사람들은 고개를 끄덕이며 빠른 속도로 메모하기 시작했다. 갑자기 키맨의 말을 한 마디도 놓치지 않겠다는 듯한 비장함이 강의실을 휘감았다.

"발음이 나쁘고, 문법을 잘 모르고, 아는 단어가 적다는 것을 떠나서 우리는 일단 소리를 안 냅니다. 수학이나 과학을 공부하듯이 눈과 손으로만 영어를 하는 거죠."

영한은 그제서야 나한이 왜 키맨을 만나보라고 했는지 알 것 같았다. 키맨은 단순히 영어를 익히는 기술을 전수해주는 것이 아니라, 근본적인 문제점을 깨닫고 거기서 벗어나도록 이끌고 있었다. 이런 생각이 들자 영한은 손에 쥐었던 볼펜을 책상에 내려놓았다. 받아 적는 것이 먼저가 아님을 깨달았기 때문이었다.

키맨은 아기가 말을 배울 때의 과정을 떠올려 보라고 했다. 아기는 언어를 배울 때 글자가 아닌 말부터 먼저 접하며, 그것을 흉내 내면서 배워간다는 것이다.

"만약 아기가 말을 흉내 내지 않고, 글자나 책으로 공부한다면 어떻게 될 것 같나요?"

모두 서로의 입만 쳐다볼 뿐 선뜻 대답하지 못했다.

"벙어리 아닌 벙어리가 되겠죠. 여러분들처럼 말입니다."

여기저기서 사람들이 고개를 끄덕거렸다. 키맨의 말에는 조금도 틀린 것이 없었다.

"그래서 우리는 오늘 이 순간부터 무조건! 아주 열심히! 소리 내어 말할 겁니다. 왜? 영어는 언어니까요!"

작은 체구에서 어떻게 저런 카리스마가 나오는 것인지, 키맨을 보며 영한은 놀라울 뿐이었다. 분명 스스로의 경험과 깨달음을 통해 얻어진 확신에서 나오는 힘이었다.

"영어를 잘하기 위해 지금 이 순간부터 여러분이 하지 말아야 할 두 가지가 있습니다. 첫째, 외우지 마세요. 이해하고 받아들이기도 전에 무조건 외우는 것은 정말 나쁜 습관입니다. 둘째, 여러분이 알고 있던 기존의 영어 학습법은 완전히 잊어버리세요. 오늘부터 여러분은 백지 상태에서 다시 시작합니다."

"어휴, 간단한 것 같으면서도 어려운 주문이네요."

무늬만 영어가 한숨을 내쉬었다. 학생들에게 영어를 가르치면서 제일 많이 했던 말이 "모르면 무조건 외워!"였기에 더욱 혼란스러웠다.

"맞습니다. 사실 새로운 것을 습득하는 것보다 더 어려운 것이 이미 몸에 밴 습관들을 없애는 것입니다. 특히 나쁜 습관들은 쉽게 우리 곁을 떠나지 않으려 하기에 더 많이 노력해야 할 겁니다."

키맨은 쉽게 얻은 것은 쉽게 잃을 수 있지만, 힘들게 얻은 것을 소중하게 지키는 법이니 이 과정을 즐기라고 했다.

"자, 하지 말아야 할 것들을 이야기했으니, 이번에는 우리가 해야 할 것들을 알려드릴게요. 첫째, 자꾸 응용해 보기! 그날 익힌 문장은 집이나 직장에서 반드시 응용해 보세요. 둘째, 쉬운 단어들로 이루어진 문장도 소리 내어 말하기! 간단한 문장이라도 반드시 소리 내어 말해야 합니다. 셋째, 말을 할 때는 실제로 대화하듯이! 감정도 싣고 표정 연기도 하면서 말이죠."

"Oh! I like you!"

키맨의 말이 끝나기 무섭게 개츠비가 맞은편에 앉은 빨간 구두를 향해 애절한 눈빛을 보내며 말했다. 빨간 구두가 당황하여 어쩔 줄 몰라 하자 개츠비가 얼른 덧붙였다.

"이렇게 말이죠? 하하!"

개츠비의 짓궂은 장난에 빨간 구두는 볼이 발개지며 고개를 숙였지만 다른 사람들은 웃음을 터뜨리며 재미있어 했다.

"하하하! 감정도 풍부하고 표정도 좋군요. 그런데 고백이 그렇게 짧아요? 좀 더 하실 말씀은 없으신지?"

키맨이 씽긋 웃으며 장난스럽게 물었다.

"그러게요. 하고 싶은 말은 많은데 문장이 안 만들어지니 답답하네요. 헤헤."

개츠비가 머리를 긁적이며 멋쩍게 웃었다.

"자, 여러분은 방금 개츠비 님을 통해 우리가 영어를 잘하기 위해서는 '소리 내어 말하기'와 함께 무엇을 익혀야 할지를 느꼈을 겁니다."

"그게 뭐죠?"

"소리만 낸다고 해서 영어가 되는 것은 아닙니다. 물론 아주 단순한 문장, 또는 익숙한 문장 정도는 가능할 겁니다. 하지만 그래봤자 서너 살 아이가 모국어를 말하는 수준 정도겠지요. 여러분이 원하는 수준이 그 정도는 아니죠?"

듣고 보니 그랬다. '나 너를 좋아해', '엄마 배고파', '아빠 놀자'

정도의 말을 하려고 여기 온 것은 아니지 않은가! 영한은 키맨의 입에 온 신경을 집중했다.

"한국인이 영어 회화를 못 하는 두 번째 이유는 어순의 차이를 모르기 때문입니다. 한국어와 영어는 어순이 매우 다릅니다. 단어를 모두 안다고 해도, 한국어의 어순 구조로 영어를 말하려고 하니 뒤죽박죽되어 뜻이 전달되지 않는 겁니다. 예들 들어, 기본적으로 한국어는 주어와 동사 사이에 여러 단어가 들어갑니다. 하지만 영어는 주어 다음에 동사가 나오고 그 뒤에 다른 단어들이 붙습니다. 이런 차이를 익히고 지속적으로 훈련해야 비로소 영어 문장의 구조에 익숙해질 수 있습니다."

말을 마친 키맨은 칠판으로 다가가 무언가를 써내려가기 시작했다.

"너 오늘 나한테 왜 이래?"
"영어 공부한 지 얼마나 오래 됐어요?"
"여기서 거기까지 가는 데 얼마나 걸려요?"
"우리 언제 공부할까요?"
"한국 사람이 왜 영어로 말하지 못하는지 아세요?"

"이 다섯 문장을 보고 바로 영어로 말할 수 있나요?"

키맨의 질문에 아무도 선뜻 대답하지 못했다.

"그럼 이중에 혹시 어려운 단어가 필요한 문장이 있나요?"

이번에는 모두들 머리를 가로저었다.

"여러분 안에 말문이 트일 정도의 영어 지식은 이미 있습니다. 아니 충분합니다. 모르는 단어가 전혀 없는데도 여러분이 저 문장들을 영어로 말하지 못하는 것은 소리 내어 배우지 않았기 때문이고, 어순의 차이를 모르기 때문이에요. 문제점이 무엇인지 모르면 해결책도 찾을 수 없습니다. 단어나 문법이 문제가 아닌데도 자꾸 그런 것들만 공부하고 있으니 회화 실력이 나아질 리 없는 것이죠."

키맨은 영어 말문 트기의 핵심은 이미 알고 있는 단어들을 충분히 활용하여 '소리 내기'와 '어순 연습'에 있다는 것을 거듭 강조했다. 그리고 이 두 가지를 멤버들의 첫 번째 과제로 설정하겠다고 말했다.

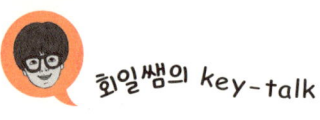 회일쌤의 key-talk

영어, 해도 해도 안 된다고요?

운전을 잘하고 싶다면서 오직 운전면허 이론만 10년째 공부하고 있다면 이상하지 않나요? '빨간불이면 멈춘다', '파란불이면 간다' 등 최소한의 이론을 배웠다면, 그 다음에는 실제 주행을 연습해야죠.
    영어도 마찬가지입니다. 실제 영어로 말을 하기 위해 공부하는 것이지, 머릿속에 이론을 쌓아두기 위해 하는 것이 아닙니다. 영어를 잘하기 위해서는 문법이라고 할 것까지도 없는, 그냥 영어에 대한 아주 최소한의 상식 정도만 필요할 뿐입니다. 언어는 일상에서 사용하며 익혀가는 겁니다.
    그런데도 대부분의 한국인들은 '영어 이론'만 열심히 파고 있습니다. 그러다 보니 다들 이 패턴에서 빠져나오지 못하고 실제로 영어를 제대로 써먹지도 못하는 거지요.

    외국인에게 한국어를 가르치다 보면 '먹을 겁니다'에서 '을'이 무엇인지, 이게 왜 붙는지 등의 질문을 받게 됩니다. 사실 대부분의 한국인들

> 영어는 지식이 아니라 언어다!
> 절대로 잊지 마세요~!

은 이러한 질문에 답변하기 난감해합니다. 정확하게 그 개념을 설명하기 힘들기 때문이죠. 우리는 자연스럽게 사용하며 크게 신경쓰지 않았던 부분이기 때문에 외국인들이 왜 그것을 이해하지 못하는지 의아하기까지 합니다. 그래서 가르쳐주려고 몇 번 설명을 시도하다 보면, 결국엔 '그냥 외워! 나도 잘 몰라!'가 되기 일쑤죠(실제로 가르쳐 보세요).

이처럼 일일이 왜 '을', '를'이 오는지 그 이유를 몰라도 우리는 한국어를 잘합니다. 익숙하니까요. 영어도 똑같습니다. 반복해서 영어 문장을 읽으면 익숙해지고, 소리 내어 말하다 보면 말이 늘어갑니다. 그런데 어릴 때부터 따지기식 수업을 받다 보니, 모두가 이건 왜 이렇고 저건 왜 저런지를 따지려 듭니다. 그러다가 지쳐서 "영어, 해도 해도 안 된다!"라며 포기하게 되는 것이죠.

또한 일상에서 말하기와 직접 연관이 없는 단어나 문법에 노력을 들이는 것은, '마이클 저녁식사를 먹을 거십니다' 정도의 한국어 실력을 지닌 외국인이 '이익 증대', '학점 인증' 등의 어려운 단어를 열심히 외우는 것과 같습니다. 자동사, 타동사, be+p.p를 따져가며 외울 필요도 없을 뿐더러, 그런 건 제대로 된 설명도 아니라는 겁니다!

자꾸 영어를 '공부'하려고 하지 말고, 반복해서 '경험'하고 '사용'해 보세요. 그러다 보면 실력이 늘 수밖에 없습니다. 영어에 대한 관점만 달라져도 영어가 훨씬 쉬워질 수 있습니다!

PART 2

이걸 모르니 안 될 수밖에!

말하지 않아도 안다고?

"정말 우리가 아는 단어들을 활용해서 '소리 내기'와 '어순 연습'만 하면 영어를 잘할 수 있게 되나요? 영어는 발음이나 억양도 정말 중요하다던데…."

"영어뿐만 아니라 어떤 언어든지 발음은 중요하죠. 한 외국인이 저보고 '나 오늘 발라해요'라고 말한 적이 있어요. 무슨 말인가 한참을 생각했는데 나중에 알고 보니 '나 오늘 빨래해요'를 그렇게 발음한 거였어요."

"하하하!"

키맨의 말에 모두가 박장대소를 터뜨렸다.

"발음은 의사소통을 위한 약속이므로 상대가 알아들을 수 있을 정도의 수준까지는 연습이 필요해요. 하지만 이제 겨우 말문을 트는 초보 단계에서 완벽한 발음에 너무 집착하다 보면 말문 트는 것이 쉽지 않아요."

키맨은 지금 단계에서는 너무 잘하려고 욕심 부리기보다는 원어민 대비 50~70% 정도의 발음을 목표로 하기를 권했다.

"겨우 그 정도로 말이 통할까요?"

천상주부는 걱정스럽게 물었다.

"혹시 세계 각국의 미녀들이 모여서 한국말로 대화했던 텔레비전 프로그램을 아세요?"

"네! 제가 예전에 즐겨봤던 프로그램이에요. 호호."

키맨의 질문에 빨간 구두가 아는 체를 했다.

"저도요. 미녀들이 한국말을 정말 잘 하더라고요. 헤헤."

개츠비는 입을 헤벌쭉 벌리고는 실없이 웃었다.

"그 프로그램을 보면 가끔 한국어를 정말 능숙하게 구사하는 외국인도 나오지만, 대부분의 출연자들은 우리가 듣기에 어색한 발음과 억양을 가졌어요. 그렇지 않던가요?"

"맞아요! 들으면 웃음이 나올 만큼 어색한 줄연자들도 꽤 있었어요."

키맨의 말에 무늬만 영어가 맞장구를 쳤다.

"하지만 의사소통을 하는 데는 별 무리가 없어 보였죠?"
키맨이 다시 사람들에게 물었다.
"그랬어요. 발음이나 억양이 좀 어색해도 웬만하면 알아듣겠던데요."
"바로 그겁니다. 완벽한 한국어 발음이 아니라고 해서 우리가 못 알아듣나요? 전혀 그렇지 않잖아요. 상대방이 알아들을 정도면 의사소통에는 별 문제가 없습니다."
"그 정도가 원어민 대비 50~70% 정도의 발음인가요?"
"네, 현재 여러분들이 목표로 해야 하는 영어 수준도 일단 그 정도입니다. 발음이나 억양이 조금 어색하더라도 별 무리 없이 의사소통이 되는 수준, 딱 그 정도를 목표로 삼고 나아간다면 스트레스도 덜 받을 거예요. 그리고 그 정도는 노력하면 대부분 가능한 수준입니다."
키맨은 통역가와 같은 직업을 원하는 게 아니라면, 완벽한 발음보다는 자신의 생각과 의사를 제대로 표현하는 것에 더 많은 시간과 노력을 투자하는 게 낫다고 했다.
"발음이나 억양이 이상하다고 원어민들이 비웃지는 않을까요? 전 당장 6개월 후면 미국에 가서 살아야 하는데…."
남편을 따라 미국으로 가야 하는 천상주부는 어색한 발음과 억양으로 영어를 하다가 미국인들에게 무시당하지는 않을까 염려

되는 눈치였다.

"첫술에 배부를 수 없습니다. 천상주부님을 비롯한 우리 모두의 첫 번째 목표는 '말문 트기'입니다. 일단 말문부터 터야 그 다음을 바라볼 수 있겠죠? 계속 강조하지만 영어는 결국 '말'입니다. 발음만 유창하다고 말을 잘하는 건 아니죠. 발음이 좋고 억양이 훌륭한 아나운서라고 해서 무조건 뛰어난 연설가는 아니잖아요? 이처럼 좋은 발음보다 더 중요한 것은 자신의 생각을 말로 명확하게 표현하는 것입니다. 그러니 일단은 말문부터 트고 보자고요. 하하!"

"음, 그건 그렇네요. 그릇도 그릇이지만 일단 그 안에 든 내용이 먼저죠."

"네, 발음과 억양이 매끄럽지 않아도 일단 알고 있는 단어를 사용해 분명하게 말을 해보자는 것! 내 생각을 영어로 제대로 말해보는 것! 이것이 우리의 첫 번째 목표입니다!"

키맨의 자신감 넘치는 말에 영한은 저도 모르게 고개가 끄덕여졌다. 구슬이 서 말이라도 꿰어야 보배라고, 아무리 단어나 문법을 많이 알고 있어도 막상 영어로 말 한마디 못한다면 그것은 모르는 것과 다르지 않았다. 영한은 문득 영어 회화를 잘하고 싶다면, 우선 내 안의 것부터 제대로 활용해야 되겠다는 생각이 들었다.

"자, 그러면 말문 트기 비법의 첫 번째, 바로 기본 문장 4가지를 본격적으로 연습해 보겠습니다."

키맨은 칠판에 빠른 속도로 써내려갔다.

<말문트기 비법 1> 기본 문장 4가지 연습하기

1) 너는 나를 좋아해.
2) 너는 나를 안 좋아해.
3) 너는 나를 좋아해?
4) 너는 나를 안 좋아해?

"모든 문장은 이 4가지 형태로 변형할 수 있습니다. 편의상 1)은 기본형, 2)는 부정형, 3)은 질문형, 그리고 4)는 질문부정형이라고 할게요. 그다지 어렵지 않죠?"

"네!"

모두 큰 소리로 대답했다. 영한이 보기에도 복잡할 것이 없는 간단한 문장들이었다.

"말문을 트기 위해선 모든 문장을 이 4가지 형태로 능숙하게 바꿀 수 있어야 합니다. 다음 문장을 4가지로 변형해 볼까요?"

You must come.

"You must not come."

무늬만 영어가 먼저 입을 떼었다.

"오! 부정형 문장을 완벽하게 만드셨군요. 그렇다면 질문형과 질문부정형은 어떻게 만들면 될까요?"

"그, 그게…."

"긴장할 거 없어요. 차근차근 해보세요."

"Must you come?"

샤론이 대답했다.

"하하! 샤론 님이 완성해주셨네요. 그렇다면 질문부정형 문장은요?"

"Must not you come?"

이번에는 영한이 작은 소리로 대답했다. 키맨은 씽긋 웃으며 영한에게 엄지를 들어 보였다.

1) You must come.
2) You must not come.
3) Must you come?
4) Must not you come?

키맨은 이처럼 하나의 문장을 4가지 형태로 바꾸는 것은 단순해 보이지만 더없이 중요한 연습이라고 강조했다. 또한 예외로 명령형은 질문의 형식으로는 말하지 않으니, '가라/가지 마라, 먹어/먹지 마'처럼 2가지로 연습하라고 덧붙였다.

"어떤가요? 눈으로 보기만 하다가 직접 말로 해보니 조금 어색하죠?"

"네. 어려운 문장이 아닌데도 맞는 건지 확신이 서질 않아요."

영한이 머리를 긁적이며 말했다.

"그건 여러분이 지금까지 입으로 말해보지 않아서 어색한 거예요. 자꾸 소리 내어 익숙해지세요. 맞는 문장인지에 대한 확인도 단어 위치를 천천히 비교해 보면서 하면 됩니다."

그럼에도 확신이 서지 않을 때는 주저 없이 자신에게 물어보라며 키맨이 씽긋 웃어보였다.

"자, 이젠 서로 짝을 지어 위의 4가지 문장을 소리 내어 말해볼까요? 소리 내어 내뱉지 않는 언어는 죽은 언어입니다. 제 주문은 두 가지입니다. 소리를 내고! 감정을 실어서 연기하듯이!"

키맨은 샤론과 개츠비, 영한과 빨간 구두, 천상주부와 무늬만 영어를 서로 짝을 지어주었다. 키맨은 먼저 시범을 보인 후 시작을 알리는 신호를 주었다. 하지만 사람들은 서로 눈치만 보며 웅얼거릴 뿐, 자신의 짝에게 들릴 만큼 크고 분명한 소리로 말하지 못했다. 이 모습을 보며 키맨이 말했다.

"말하지 않아도 안다? 그건 거짓이에요. 말하지 않으면 아무도 여러분의 생각을 모릅니다. 용기를 내봐요. 조금만 더 큰소리로! 감정을 실어서!"

키맨이 다시 시작을 알리자, 이번에는 모두 아까보다 크게 소리 내며 주어진 문장을 짝꿍에게 말했다.

> A. They can speak English.
> B. My puppy doesn't like me.
> C. Shall not we eat this?

하나의 문장을 4가지 형태로 바꾸는 훈련을 계속하기 위해 키맨은 다시 새로운 문장들을 칠판에 적었다. 영한은 칠판에 적힌 문장을 보며 천천히 문장들을 만들어 보았다. 조동사가 들어 있는 문장은 조금 헷갈렸지만, 반복해서 연습하니 기본 문장의 틀이 보이는 듯했다.

> A. They can speak English.
> They can't speak English.
> Can they speak English?
> Can't they speak English?

B. My puppy doesn't like me.
   My puppy likes me.
   Does my puppy like me?
   Doesn't my puppy like me?

C. Shall not we eat this?
   Shall we eat this?
   Let's eat this.
   Let's not eat this.

키맨은 각 문장을 열 번씩 반복해서 말해 보라고 했다.

"자잘한 문법 실수들, 예컨대 뒤에 's'가 붙고 안 붙고 이런 건 처음에는 신경 쓰지 마세요. 너무 머리로 따지다 보니 속도가 느려지는 겁니다. 조금 틀려도 상대가 알아들으면 그만입니다. 물론 말이 트이고 나면 나중에는 세련되게 다듬어야죠. 하지만 지금은 일단 속도부터 내보세요."

키맨은 한국인이라고 해서 한국어 실수가 전혀 없는 것은 아니지 않느냐며, 실수를 하더라도 일단 빨리 말문을 트고 영어와 친해지는 것이 가장 중요하다고 강조했다.

일에도 순서가 있듯이 말에도 어순이 있다

키맨이 시키는 대로 각 문장을 소리 내어 스무 번씩 말하고 나니 강의실은 다시 조용해졌다.

"모두 잘 하셨어요. 자, 아까 제가 말문을 트기 위해서는 '소리 내기'와 또 무엇이 필요하다고 했지요? 혹시 기억하시는 분?"

"어순 연습이요."

영한이 대답했다.

"네, 맞아요. 영어 말문이 트이려면 '소리 내기'와 '어순 연습'이 반드시 필요합니다. 자, 그러면 지금부터 말문 트기 비법 두 번째, '영어 어순 이해하기'로 들어가겠습니다."

키맨은 한국어와 영어의 어순은 큰 차이가 있기 때문에 영어 어순을 제대로 익히지 않으면 말을 하는 것이 거의 불가능하다고 강조했다.

"그렇다면 한국어와 영어는 어순이 어떻게 다를까요? 우선 한국어는 문장이 길어질 때 주어와 동사 사이에 단어가 놓입니다. 이 문장들을 보면 정확히 그 의미를 알 수 있을 거예요."

〈말문트기 비법 2〉 영어 어순 이해하기

나는 간다.
나는 학교에 간다.
나는 학교에 공부하러 간다.
나는 학교에 친구와 공부하러 간다.

키맨이 칠판에 문장들을 써내려가며 설명하자 사람들은 모두 고개를 끄덕였다. 한순간도 어순에 대해 진지하게 생각해본 적이 없었던 것이다.

"또한 한국어에서는 '나는 학교에 공부하러 간다'라는 말을 '나는 공부하러 학교에 간다'라고 해도 별 문제가 없습니다. 어순이 바뀐다고 해서 말이 전혀 안 되는 경우가 적은 거죠. 이건 '은/는', '~을/를' 같은 조사가 있기 때문이에요."

그녀 너 좋아해.

키맨은 조사가 생략된 간단한 우리말 문장을 칠판에 썼다. 그리고는 각 단어에 다른 조사를 붙일 경우 완전히 다른 의미의 문장이 됨을 보여주었다.

그녀 너 좋아해.
그녀는 너를 좋아해.
그녀를 너는 좋아해.

"그런데 A like B, B like A, Like A B, 이 셋은 전혀 다른 의미입니다. 그래서 영어에서는 순서가 정말 중요해요. 순서가 달라지면 의미도 달라지기 때문이죠."

그는 영어의 어순에 익숙해지면 자신이 알고 있는 단어를 활용해 간단한 문장을 만들 수 있고, 그것이 바로 말문이 트이기 시작하는 첫 단계라고 말했다.

"한국어와 달리 영어는 문장이 길어질 때 일단 주어 다음에 동사가 나온 뒤, 특정 순서대로 단어들이 따라옵니다. 예문을 보면 더 쉽게 이해가 될 거예요."

I go.
I go to school.
I go to school to study.
I go to school to study with my friend.

"자, 영어의 어순이 어떻게 된다고요?"

"주어 다음에 동사, 그리고 특정 순서대로…."

"네, 샤론 님 잘하셨어요. 영어로 말을 하기 위해 우리가 가장 먼저 기억해야 할 것은 일! 주! 동!입니다."

"일주동?"

"네, '일단 주어와 동사부터 말하라'는 것이죠. 자, 다같이 큰 소리로 일! 주! 동!"

키맨의 지시에 모두 힘차게 "일! 주! 동!"을 외쳤다.

"영어 회화를 잘하고 싶다면 절대 '일주동'을 잊어서는 안 됩니다. 아시겠죠?"

"네. 그런데 주어와 동사 다음에 어떤 순서대로 단어들이 오는지 궁금해요."

천상주부가 손을 번쩍 들고 질문했다.

"그 순서는 영어권 사람들의 사고방식과도 관련이 있습니다. 간단히 설명하면 첫째, 항상 주어를 기준으로 생각을 진행합니다. 즉, 생각의 중심은 '나'인 거죠. 둘째, 사건이 일어나는 순서, 혹은 사고의 확장 순서대로 단어를 배열합니다. 셋째, 중요하다고 생각하는 내용부터 배열합니다. 넷째, 여러분이 관객이라 가정하고 주인공(주어)이 행동하는 것을 차례차례 보고 있다고 생각하면 됩니다."

"음, 좀 헷갈리네요. 단순한 듯하면서도 복잡한 것 같고."

"그러게요. '일주동'까지는 쉽게 이해됐는데 그 뒤는 어렵네요."

영한의 말에 개츠비가 맞장구를 쳤다.

"설명을 하나하나 따져보기보다는 예문을 연습하며 익숙해지는 게 좋습니다. 설명은 참고만 하세요. 제가 쓰는 문장을 보며 질문에 답을 해보세요."

어제 나는 친구와 함께 우리 집에서 세 시간 동안 영어를 공부했다.

키맨은 질문을 시작했다.

"그림을 그려 나간다고 상상해 보세요. 이 문장에서 주어와 동사는 'I studied.'입니다. 그렇다면 그 다음으로 그려야 할 것은 무엇일까요?"

"무엇을?"

개츠비가 제일 먼저 대답을 했다.

"네, 맞습니다. 그렇다면 'I studied.'라는 문장에 '무엇을'에 해당하는 말을 넣으면 'I studied English.'가 되겠죠. 그 다음으로는 어떤 것을 그려야 할까요?"

"누구와?"

"어디에서?"

샤론과 영한이 동시에 대답했다.

"하하, 두 분이 동시에 대답을 하셨네요. 그렇다면 누구와, 어디에서 중 무엇을 더 먼저 그려야 할까요?"

"'누구와'인 것 같은데요…."

이번에는 무늬만 영어가 대답했다.

"맞아요. 그렇다면 'I studied English.'라는 문장에 '누구와'를 넣으면 'I studied english with my friend.'가 되겠죠. 자, 그 다음으로 그려야 할 것은 뭘까요?"

"어디에서?"

"네, 이제 '어디에서'가 들어가야겠죠. 'I studied English with my friend.'에 '어디에서'를 넣으면 'I studied English with my friend at my house.'가 됩니다. 그럼 그 다음으로 그려 넣어야 할 것은?"

키맨은 칠판에 문장을 순서대로 적으면서 질문을 이어갔다.
"세 시간 동안? 아니면 어제?"
천상주부가 고개를 갸우뚱하며 자신 없는 목소리로 대답했다.
"조금 헷갈리죠? 영어권 사람들은 며칠보다는 몇 시가 더 구체적 개념이라 대개 몇 시를 앞에 둡니다. 그래서 이 문장에 '세 시간 동안'을 넣으면 'I studied English with my friend at my house for three hours.'가 되지요. 그리고 마지막으로 '어제'를 넣으면 마침내 문장이 완성됩니다."

I studied English with my friend at my house for three hours yesterday.

나는 공부했다 / 영어를 / 내 친구랑 / 내 집에서 / 세 시간 동안 / 어제

"참, 번역할 때는 '나는 공부했다 / 영어를 / 내 친구랑 / 우리 집에서 / 세 시간 동안 / 어제'처럼 영어 어순대로 직역하세요. 그것을 굳이 우리말 순서대로 '어제 나는 내 친구랑 우리 집에서 세 시간 동안 영어를 공부했다'라고 의역하면 더 헷갈려요. 그리고 더 정확하게는 번역할 필요도 없이 영어 문장을 그 자체로 받아들여야 합니다. House는 House이지 집이 아니에요. 영어를

접했는데 머릿속에 우리말이 떠오르면 안 됩니다."

"어휴, 설명을 들으니 어느 정도 이해는 되는데 쉽지는 않군요."

개츠비가 얕은 한숨을 내쉬며 말했다.

"하하하! 남의 나라 말인데 쉽지 않은 것이 당연하죠. 하지만 반복 훈련을 하다 보면 이해가 더욱 빨라질 겁니다. 그런 의미에서 다른 문장으로 영어 어순을 익혀볼까요? 우선 우리말 순서를 영어 어순대로 바꿔보도록 하죠."

그는 영어를 공부하러 매일 도서관에 갑니다.
→ 그는 / 갑니다 / 도서관에 / 공부하러 / 영어를 / 매일

나는 내 동생을 위한 생일 선물을 사러 강남역에 갔습니다.
→ 나는 / 갔습니다 / 강남역에 / 사러 / 생일 선물을 / 내 동생을 위한

키맨의 설명에 따라 멤버들은 영어 어순대로 문장을 배열해나갔다. 키맨은 다시 한 번 큰소리로 감정을 실어서 소리 낼 것을 강조했다.

"쌤! 이런 훈련을 반복한다고 해서 우리가 외국인과 대화하는 것이 가능할까요? 실제로 외국인들이 하는 말은 저런 문장들보

다 훨씬 더 복잡하잖아요."

"Don't wish for it, work for it!"

키맨의 대답을 알아듣지 못한 샤론은 어리둥절한 표정을 지었다. 키맨은 빙그레 웃으며 방금 자신이 말했던 영어 문장을 칠판에 적었다.

"나무에서 사과가 떨어지길 바라지 마세요. 그 시간에 차라리 나무에 올라가 사과를 따든지, 하다못해 막대로 가지를 치기라도 하세요. 그래야 사과가 여러분의 손에 들어올 수 있잖아요?"

사람들은 그제야 이해했다는 듯 고개를 끄덕였다.

"이제 걸음마를 배우는 어린아이가 달리는 것을 욕심내서야 되겠어요? 쉬운 문장부터, 짧은 문장부터 영어 어순에 맞게 만들어 가는 것을 익히면 됩니다."

"영어 어순이란 게 우리말이랑 완전히 달라서 많이 헷갈리는데 그냥 문장을 통째로 외워버리는 건 어때요? 전 외우는 것 하나는 자신 있거든요."

개츠비가 머리를 긁적이며 말했다.

"절대 외워서는 안 됩니다. 이해를 바탕으로 훈련하다 보면 우리말처럼 자연스럽게 익숙해질 거에요. 어순이 이해되고 구조가 파악되는 단계에서 좋은 문장을 외우는 것은 큰 도움이 됩니다. 스스로 응용도 할 수 있으니까요. 하지만 처음부터 무작정 외우는 것은 노력에 비해 효과가 떨어집니다. 물론 그렇게 해서 외국어를 익히는 경우도 있겠지만, 조금 비효율적 방법이라 볼 수 있어요."

키맨은 그 단계에 이르면, 단어만 알면 스스로 영작하고 말할 수 있게 된다고 했다. 모르는 단어가 나오더라도 상황에 맞게 말을 바꾸어 영작하면 된다는 얘기였다.

"자, 오늘 수업은 여기까지 하도록 하죠. 대신 숙제가 많습니다. 반드시! 꼭! 다 해오셔야 합니다. 그래야 다음 수업 때도 즐겁게 웃으면서 할 수 있겠죠?"

<과제 1> 아래 예문을 영어 어순으로 바꿔보세요.

나는 영어 말하기를 연습하려고 이 책을 샀다.
그는 항상 그녀와 도서관에 간다.
우리가 이번 달에 새 외국인 친구를 만들 수 있을까?
지금 나한테 그거 말해줄 수 있어?
그는 몇 시에 일하러 갑니까?
나는 내 꿈을 위해 영어를 배우고 있어요.

"저, 모르는 것은 그냥 둬도 되나요?"

개츠비가 기어들어가는 목소리로 묻자 모두 남의 일이 아니라는 눈빛으로 키맨의 대답을 기다렸다.

"에이, 그럼 안 되죠. 틀려도 되니까 일단 해보세요. 더 정확히 말하면 많이 틀려봐야 실력도 늘어요."

키맨은 숙제를 하는 도중 모르는 것이 있거나, 숙제를 끝낸 뒤 답을 확인하고 싶을 때는 언제든지 연락하라며 미소를 지었다. 틀린 답을 정답인 줄 알고 있는 것이야말로 영어 실력을 발목 잡는 일이기 때문이다.

"참, 예문을 영어 어순으로 바꾸는 것 외에 숙제를 하나 더 낼게요. 다음 수업에 오실 땐 여러분이 그 전날 무엇을 했는지 알려주는 간단한 영어 문장을 하나 만들어서 연습해 오세요. 문장의 길이는 전혀 상관없답니다. '나는 어제 어디서 무엇을 했다' 같은 것도 괜찮습니다. 어떤 문장이든 상관없으니 한 문장만 영작한 뒤, 그것을 감정을 싣고 소리 내어 연습해 오는 거예요. 아시겠죠?"

"네? 아 네…."

예상치 못한 숙제에 당황한 듯 모두 대답을 머뭇거렸다.

"큰소리로 대답해주세요! 예문을 영어 어순으로 바꾸기, 전날 무엇을 했는지에 대해 한 줄로 영작해오기! 아시겠죠?"

"네!"

"하루라도 빨리, 유창하게 영어로 말을 하고 싶으시죠?"

강의실을 나가려다 말고 키맨이 씽긋 웃으며 물었다.

"당연하죠!"

이번에는 모두가 입을 모아 대답했다.

"자, 그런 의미에서 다음 주는 토, 일 모두 수업을 합니다. 약속이 있다고 늦거나 결석하면 미워할 겁니다. 참고로 저 역시 데이트는 포기했습니다. 우린 당분간 영어랑 데이트하는 겁니다! 하하!"

키맨은 손을 흔들며 유유히 사라졌고, 그의 유쾌한 웃음소리는 오래도록 강의실에 남아 영한의 심장을 두드렸다.

10년 묵은 나쁜 습관, 제발 좀 버려!

 벌어진 커튼 사이로 스며든 늦봄의 햇살에 눈이 부셨지만, 영한은 이불을 머리끝까지 끌어올리며 다시 잠을 청했다. 모처럼 한가로운 일요일인데 햇살 때문에 잠을 깬다는 것이 억울했기 때문이다.
 "어휴, 이 인간 아직도 자는 것 좀 봐!"
 아침부터 이어지던 나한의 흥얼거림은 영한의 방으로 들어서며 자동으로 멈췄다. 방 여기저기에 널려 있는 만화책과 과자 봉지들이 지난 밤 영한의 흔적을 고스란히 알려주고 있었다.
 "해 뜬 지가 언젠데 아직도 침대 속이야! 하긴, 형이 무슨 죄가 있겠어. 이놈의 커튼을 없애든지 해야지."

나한은 한 치의 망설임도 없이 커튼을 홱 걷어 젖힌 뒤, 내친 김에 영한의 이불까지 발아래로 내려버렸다.

"잔인한 녀석…."

영한은 베개 속으로 얼굴을 파묻으며 중얼거렸다.

"그나저나 내 면도기 못 봤어? 작년 겨울에 내 스물세 번째 여자친구가 사준 3중날 밀착 면도기 말이야. 분명 며칠 전에 쓰고 내 방 서랍 안에 잘 모셔뒀는데 감쪽같이 없어졌단 말이야."

나한은 영한의 책상을 이리저리 뒤지며 투덜거렸다.

"그거, 거기…."

여전히 베개에 얼굴을 파묻은 채, 영한은 팔만 간신히 뻗어 문구 상자를 가리켰다.

"아니! 이걸 여기다 왜 둬? 면도기가 위생이 얼마나 중요한데!"

나한은 미간을 잔뜩 찌푸리며 소리쳤다.

"미, 미안…."

나한의 잔소리에는 일단 사과부터 하는 것이 상책이란 것을 아는 영한은 순순히 꼬리를 내리며 사과했다.

"미안하면 일어나."

"응?"

"미안하면 당장 일어나라고! 이 화창한 봄날에 뭐하고 있는 거야, 대체!"

"넌 오늘도 데이트 가?"

"당연한 거 아니야? 오늘 같은 날 방구석에만 처박혀 있는 건 죄악이야. 죄악!"

나한은 고개를 절레절레 흔들며 방을 나가버렸다.

"쳇, 봄 그까짓 게 뭐라고 저리 호들갑이야?"

나한이 방에서 나가자 영한은 투덜거리며 그대로 다시 잠을 청했다.

얼마나 잤을까.

"너 정말 안 일어날 거야?!"

영한은 하이톤의 목소리에 놀라 눈을 번쩍 떴다. 시계는 어느새 오후 1시를 향해 달려가고 있었다. 멍한 눈으로 시계를 바라보던 그는 문득 키맨이 내준 숙제가 생각났다. 나한을 찾았지만 돌아오는 것은 일어나라는 엄마의 구박뿐이었다.

"어쩌지?"

나한에게 도움을 받으려던 계획이 물 건너간 것을 깨닫자 영한은 무거운 몸을 이끌고 책상 앞에 앉았다.

"에휴, 혼자라도 해 봐야지. 어디 보자…."

나는 영어 말하기를 연습하려고 이 책을 샀다.

첫 문장을 뚫어져라 쳐다보던 영한은 연필을 꺼내 들고 천천히 키맨의 설명을 떠올렸다.

"주어부터 잡고 그 다음에 동사라고 했으니 '나는 샀다', 그 다음에 뭐지? 무엇을? 책을? 이 책을? 음, 나는 샀다. 이 책을."

여기까지 마치자 영한은 노트 속 글자들을 뚫어지게 노려보았다.

"왜? 그 책을 왜 산거니? 연습하려고! 음, 무엇을 연습하려고? 영어 말하기를! 오옷, 생각보다 쉬운데?"

그림을 그리는 것처럼 순서대로 어순을 배열하라던 키맨의 말을 떠올리며 혼자서 묻고 대답하기를 반복한 끝에, 영한은 겨우 문장 하나를 완성해냈다.

"나는 샀다, 이 책을 연습하려고, 영어 말하기를."

답이 맞는지 키맨에게 연락해 확인해보고 싶었지만, 이제 겨우 한 문장을 완성해놓고 호들갑을 떠는 것 같아 영한은 꾹 참았다. 그렇게 모든 문장들을 마저 완성한 뒤 영한은 떨리는 마음으로 키맨에게 검사를 받았다.

오~! 생각보다 잘 했는데요?
두 개만 틀리고 다 맞았어요^^

키맨은 메신저로 영한이 틀린 문장을 올바르게 고쳐주었다. 역시나 가장 오랜 시간 고민했던 문장 두 개가 오답이었다.

> 참! 영한 씨~
> 열심히 소리 내어! 감정을 실어서 연기하듯이 하고 있죠?
> 눈으로 하는 말은 뭐라고 했죠?

키맨의 질문에 영한은 선뜻 대답을 하지 못했다. 답을 찾는 데만 몰두한 나머지 감정을 실어 소리 내어 말하는 것을 깜빡한 것이다.

> 말이 아니다ㅠㅠ

> 잘 알고 있네요^^
> 열심히 훈련하시고 다음 주 토요일에 만나요~~!

"눈으로 하는 말은 말이 아니다…."
영한은 다시 한 번 중얼거리며 노트를 덮어버렸다.

두 번째 수업 날, 30분이나 일찍 온 영한은 기다리는 동안 습관처럼 스마트폰을 꺼내들었다. 평소 즐겨보던 웹툰을 보다 말고 영한은 갑자기 스마트폰을 내려 놓았다. 절박한 마음으로 영어 공부를 한다면서, 자투리 시간을 살리지 못하는 모습이 한심하게 느껴졌던 것이다. 영한은 가방에서 노트를 꺼내 숙제 내용을 작은 소리로 읽기 시작했다.

"이런! 영한 씨 숙제 제대로 안 하셨구나!"

키맨이 문을 열고 들어오며 다짜고짜 야단을 치기 시작했다.

"네? 아, 아니 숙제 다 했는데요?"

영한은 어안이 벙벙한 채 기어들어가는 목소리로 말했다.

"큰 소리로! 연기하듯이! 감정을 실어서!"

"아… 그게 습관이 잘 안 돼서….'

"제가 나가 있을 테니 이번에는 제대로 해보세요. 큰 소리로! 연기하듯이! 감정을 실어서!"

키맨은 씽긋 웃으며 다시 강의실 밖으로 나갔다. 영한은 자신의 소심한 성격을 이해해준 키맨의 배려가 고마웠다.

"하이, 영한!"

얼마 후 샤론이 강의실로 들어서며 큰소리로 인사했다.

"하, 하이, 샤론."
"영한 씨는 숙제 다 했어요?"
"그게 한다고 했는데, 작은 소리로 웅얼거리기만 해서 키맨에게 혼났어요."
"호호, 그랬군요. 저도 영작을 하긴 했는데, 실제로 연기하듯이 소리 내어 말하려니 영 어색하더라고요."
샤론이 영한의 말에 맞장구를 치며 웃었다.
"두 분 뭐가 그리 재밌어요?"
"그러게요. 우리도 같이 좀 웃자구요. 하하!"
천상주부와 무늬만 영어가 나란히 강의실로 들어서며 인사했다. 첫 수업과는 달리 표정들이 훨씬 밝아 보였다.
"안녕하세요! 웃음소리가 복도까지 들리는 걸 보니 모두 숙제를 열심히 해오신 모양이네요."
키맨이 강의실로 들어오며 숙제 이야기를 꺼내자 다들 살짝 긴장된 표정으로 그를 쳐다보았다. 키맨과 함께 들어오던 개츠비와 빨간 구두는 몸을 잔뜩 웅크리며 자리에 앉았다.
키맨은 멤버들 모두 자신과 메신저로 소통하며 어순 바꾸기 숙제를 충실히 해온 것을 칭찬했다.
"자, 답을 정리할 테니 모두 큰소리로 열 번씩만 읽어보세요."

1) 나는 영어 말하기를 연습하려고 이 책을 샀다.
2) 그는 항상 그녀와 도서관에 간다.
3) 우리가 이번 달에 새 외국인 친구를 만들 수 있을까?
4) 지금 나한테 그거 말해줄 수 있어?
5) 그는 몇 시에 일하러 갑니까?
6) 나는 내 꿈을 위해 영어를 배우고 있어요.

1) 나는 / 샀다 / 이 책을 / 연습하려고 / 말하기를 / 영어
2) 그는 / 항상 / 간다 / 도서관에 / 그녀와
3) 우리가 / 만들 수 / 있을까? / 새 외국인 친구를 / 이번 달에
4) 지금 / 말해줄 수 있어? / 그거 / 나한테
5) 몇 시에 / 그는 / 가니 / 일하러
6) 나는 / 배우고 있어 / 영어를 / 위해 / 내 꿈을

"영어를 잘하기 위해서는 무엇보다도 영어식 사고가 중요합니다. 그런 의미에서 우리말 어순을 영어식으로 바꾸는 연습은 꼭 필요한 과정입니다. 제가 숙제로 내준 이 문장들 말고도, 평소 여러분이 접하는 우리말 문장의 어순을 영어식으로 다시 배열하는 연습을 해보세요. 꾸준히 하다 보면 점점 속도가 빨라지는 것을 스스로 느끼실 거예요."

"하다가 모르는 것 있으면 메신저로 질문해도 되죠?"

"당연하죠! 언제든지 환영입니다. 하하!"

키맨이 호탕하게 웃으며 답했다.

"자, 이제 나머지 숙제도 검사를 해야겠죠? What did you do yesterday?"

키맨이 영어로 질문을 하자 누구도 선뜻 대답하지 못했다.

"I watched the movie yesterday."

보다 못한 무늬만 영어가 제일 먼저 대답했다. 그러자 키맨은 환하게 웃으며 엄지를 치켜들었다.

"What did you do yesterday?"

키맨은 아예 한 명씩 눈을 맞추며 질문을 던지기 시작했다. 무늬만 영어가 간단한 영어로도 칭찬을 받아서인지, 다소 더듬거리긴 했지만 모두 나름대로 대답을 했다. 마침내 영한의 차례가 되었다.

"저, 그게…. I did go… to work early yesterday… and did worked… my workers… harldly… late and… very late."

영한은 자신 없는 목소리로 준비해온 대답을 끝마쳤다.

"영한 씨의 하루가 무척이나 길고 복잡했군요."

"그, 그러네요."

영한은 머쓱한 표정을 지으며 머리를 긁적였다.

"조금 어색한 표현들이 있지만 노력이 엿보입니다. 하지만 너무 문장에만 신경을 쓰다 보니 감정과 표정이 없었죠? 다시 한 번 말하지만 모든 영어 문장은 감정을 실어서 연기하듯이, 소리 내어 말하는 겁니다. 잘 아셨죠?"

"네!"

모두 큰 소리로 대답했다.

"자, 이제 마지막으로 천상주부님이 남으셨네요. What did you do yesterday?"

키맨은 천상주부를 바라보며 물었다. 천상주부는 긴장된 표정으로 천천히 말했다.

"I got a flower from a stranger. He has eyes."

"He has eyes?"

키맨이 고개를 갸웃거리며 천상주부를 바라보았다.

"그러니까 그게, 그 남자가 예쁜 여자를 알아본다는 뜻인데…."

"아하! 보는 눈이 있다는 뜻인 거죠? 천상주부 님이 좋은 예를 주셨어요. 외국인들은 'He has eyes'를 들어도 이해하지 못할 수 있어요. 그 나라의 문화, 유행어 등이 담긴 말들을 그대로 영어로 바꾸면 대부분 상대가 그 뜻을 알아듣지 못해요."

"듣고 보니 그렇겠네요. 그럼 '보는 눈이 있다'를 영어로는 뭐라고 하죠?"

"한국어 자체를 옮기지 말고 그 상황에 맞는 말을 해야 돼요. 이런 경우에는 'He has a sense.'라거나."

"쌤! 그러면 '나 어제 완전히 찬밥 됐어'라는 말은요?"

이번에는 샤론이 손을 번쩍 들며 질문했다.

키맨은 대답 대신 칠판에 샤론이 말한 문장을 썼다.

나 어제 완전히 찬밥 됐어.

"자, 이것을 우선 영어식 어순으로 바꿔야겠죠?"

나 됐어 / 찬밥 / 완전히 / 어제
I became cold rice perfectly yesterday.

"풉! 정말 써놓고 보니 웃기네요."

무늬만 영어가 칠판에 적힌 영어 문장을 보고는 웃음을 터뜨렸다. 다른 사람들도 여기저기서 킥킥거리며 웃었다.

"모두 제 말을 이해하시는군요. 그렇다면 이 문장을 원어민이 이해할 수 있게 바꿔보죠. 이때 문장만을 바꾸려 하지 말고 그 상황에 맞게 말을 변형해 보세요. 예를 들어 '나 배고파'라는 말은 '우리 뭐 좀 먹으면 안 돼?'라거나 '저녁 먹을 때 되지 않았어?'처럼 바꿀 수 있죠. 이런 식으로 순발력 있게 문장을 바꾸는 훈련이 필요해요. 더불어 실제 원어민의 말을 많이 접하면서 그들만의 표현을 익히는 것도 좋은 방법입니다."

"그럼 '나 어제 완전 왕따 됐어'는요? 아, 그런데 영어권 사람들은 왕따라는 말도 모르겠구나! 그럼 '나 어제 완전히 무시당했어!' 이렇게 하면 되나요?"

"오! 그러면 되겠구나!"

빨간 구두가 문장을 바꿔 말하자 개츠비가 박수까지 치며 호응했다.

"잘 하셨어요. 빨간 구두 님 말처럼 '나 어제 완전 찬밥 됐어'는 '나 어제 완전히 무시당했어', 또는 '나 어제 너무 심심했어' 정도로 바꾸면 됩니다."

키맨은 길고 복잡한 문장이 세련된 문장이라는 선입견을 버리라면서, 자신의 생각을 명확히 전달하는 것이 언어의 가장 큰 목적임을 당부했다.

네 생각을 영어로 말해봐

 키맨과의 두 번째 수업이 끝난 후, 영한은 혼란스러운 기분을 떨칠 수가 없었다. 특히 기존의 모든 학습법을 버리라는 말을 듣고는 정말 그래도 되는 건지 불안한 마음도 들었다. 하지만 한편으로는 그가 이끄는 대로 가면, 지금까지와는 다른 진짜 영어를 할 수 있을 것 같은 기대감도 피어올랐다.
 "에잇, 모르겠다. 일단 시키는 대로 하고 보는 거지 뭐."
 영한은 복잡한 마음을 잊으려는 듯 기타를 꺼내들었다.
 "형, 뭐 해?"
 나한이 방문을 반쯤 열고 고개를 빼꼼 내민 채 물었다.

"보면 모르냐? 아트하시잖아. 아트!"

"아트 같은 소리 하네. 형 네 귀엔 그 소리가 아트로 들리냐?"

아예 방으로 들어온 나한은 역시나 잔소리를 해댔다.

"키맨이 숙제 안 내줬어? 예전에 나한테는 숙제 많이 내줬었는데."

"너도 키맨한테 배웠어? 그냥 네 대학교 선배 아니었어?"

"어라, 내가 그 얘기는 안 해줬어? 나도 당연히 그 형한테 배우고 이렇게 된 거지."

나한도 키맨에게서 배웠다는 말을 듣자 영한은 조금 안심이 되었다. 나한 역시 고등학교 때까지는 자신처럼 눈과 손으로만 영어를 공부하던 녀석이었다. 그런데 대학생이 되고 나서 갑자기 아무 때나 영어를 중얼거리기 시작했고, 급기야 가족에게도 영어로 말을 걸어와 황당하기까지 했었다.

"그나저나 또 어디 나가냐?"

"당연하지! 꽃다운 청춘이 주말에 나가는 게 정상일까, 아니면 방구석에서 기타나 뜯는 게 정상일까?"

나한은 영한을 측은한 눈으로 바라보며 온몸에 향수를 뿌려댔다. 영한은 입을 삐죽거리며 기타를 만지작거렸다.

"그렇게 기타 치는 것이 좋으면 대학로에서 연주나 해봐라. 혹시 알아? 눈 먼 여자가 좋다고 말이라도 걸어줄지. 아니면 동전

몇 푼이라도 얻어 올 수 있잖아, 크크크."

"이 자식이!"

영한은 쥐고 있던 기타 피크를 나한에게 내던졌다. 나한은 날아오다가 중간에 뚝 떨어지는 피크를 보며 피식 웃고 나가버렸다.

"저 놈의 자식이 진짜! 대학로에서 연주를 하라고? 어디, 하라면 내가 못할 줄 알아?"

사실 영한은 아마추어치고 기타 실력이 제법 뛰어났다. 학창 시절에는 밴드를 같이 하자는 제의도 여러 번 받은 적이 있었지만, 망설이다가 매번 기회를 놓치고 말았다.

가만 생각해보니 가뜩이나 영어 때문에 스트레스 받고 있는 상황이라 어디 한 군데라도 마음 풀 곳이 필요했다. 쇠뿔도 단김에 빼랬다고, 영한은 내침 김에 노트북을 열고 검색하기 시작했다. 키맨의 수업은 저녁으로 잡혀 있어서 천천히 찾아볼 여유가 있었다. 다행히도 베이스기타 연주자를 모집하는 직장인 밴드가 여럿 있었다. 영한은 동선을 고려해 회사와 집 중간쯤에 연습실이 있는 밴드 〈NalJa〉를 선택했다. 곧장 오디션에 지원하고 싶다는 내용의 문자 메시지를 입력한 후 전송 버튼을 꾹 눌렀다.

"잘했어! 마음먹은 김에 바로 시작해보는 거야!"

영한은 늘 뭔가를 시작하기 전에 망설이다가 기회를 잃고 후회하곤 했다. 하지만 이날만큼은 달랐다. 나한의 놀림에 자극을 받기도 했지만, 이제는 정말 변화가 필요한 순간임을 느꼈기 때문이었다.

쿵쿵대는 드럼 소리와 보컬의 거친 음성이 새어나오는 연습실 입구에서 영한은 한참을 서성거렸다. 영한의 문자를 받은 〈NalJa〉의 매니저가 연락을 해와 오디션을 보기로 한 것이다. 얼떨결에 약속을 잡고 밴드 연습실을 찾아갔지만, 막상 가슴이 콩닥거려 입구에서 발이 떨어지질 않았다.

"누구 찾아오셨어요?"

갑자기 영한의 뒤에서 누군가 말을 걸었다. 화들짝 놀라 뒤를 돌아보니 머리를 초록색으로 염색한 젊은 여자가 서 있었다.

"그게 저, 밴드 매니저 분과 오늘 만나기로 해서….”

"아, 오늘 오디션 약속하신 영한 씨 맞으시죠? 제가 연락드린 매니저예요. 반가워요!"

"아, 예."

밴드 매니저는 영한에게 간단한 질문을 한 뒤 직접 베이스기타를 연주할 수 있는지 물었다. 그녀는 전문 밴드가 아닌 만큼 트레이너의 도움이 필요하겠지만, 그래도 기본 실력은 갖추고 있어야 한다는 말을 덧붙였다.

"아, 네…."

영한은 기어들어가는 목소리로 대답했다. 매니저가 말하는 기본 실력이 어느 정도의 수준을 말하는 것인지 염려가 되었던 것이다.

"10분 있으면 연습이 끝나니까 그때 연주하시면 될 것 같아요."

영한은 고개를 끄덕였다. 매니저가 건넨 음료수를 마시며 긴장된 마음을 달랠 때였다.

"하이!"

굵은 웨이브의 금발머리 아가씨가 푸른 눈동자를 반짝이며 사무실 문을 열고 들어왔다. 영한은 반사적으로 자리에서 벌떡 일어났다. 아름다운 숙녀에게 자리를 양보해야만 할 것 같았다.

"No thanks. That's ok. I'll leave soon. 어머, 안 그러셔도 돼요. 전 금방 나갈 거예요."

"Hi, Jessica. This is the applicant for bass guitar. If he pass the test, He will be one of us. 안녕, 제시카. 이분은 베이스기타 지원자야. 오디션을 통과하면 오늘부터 우리 밴드 멤버가 되는 거지."

영한은 생각지도 못한 영어 대화에 당황하며 두 사람을 멀뚱히 쳐다보았다.

"아, 영한 씨. 이 친구는 제시카예요. 교환 학생으로 우리나라에 와서 공부 중이고, 우리 밴드에서는 키보드를 치고 있어요."

"아, 네."

"안녕. 나 제시카. 방가방가."

제시카는 자신을 소개한 뒤 해맑게 웃으며 '방가방가'를 외쳤다. 하지만 영한은 어색한 미소만 지을 뿐 선뜻 입이 떨어지지 않았다.

"하, 하이. 마이 네임 이즈 영한."

겨우 짧은 인사만 더듬더듬 건넨 영한은 다시 어깨를 움츠린 채 음료수만 홀짝거렸다. 평소에 여자들과 말도 제대로 나누지 못하는 자신 앞에 외국인이라니! 게다가 보석처럼 반짝이는 푸른 눈동자를 가진 금발의 여자다. 영한은 심장이 점점 쪼그라드는 것을 느꼈다.

"Hey relax! Just like when you practice, ok? 너무 긴장하지 말아요! 평소 하듯이 편안하게 하면 다 잘될 거예요."

무슨 말인지 알아들을 수 없었지만 그럼에도 영한은 마음이 편안해졌다. 환하게 웃으며 이야기하는 것을 보니 좋은 말을 해주는 것이 분명했다. 흘끔거리며 훔쳐본 제시카의 얼굴은 볼수록 매력적이었다. 큰 눈망울과 오뚝 선 콧날 그리고 보는 사람까지 기분 좋아지는 환한 미소를 가진 그녀에게서 영한은 눈을 뗄 수

가 없었다.

"밴드 연습 끝났나 봐요. 영한 씨, 연습실로 가죠."

"아, 네!"

영한은 매니저의 말에 자리에서 벌떡 일어나며 큰소리로 대답했다. 제시카는 그런 영한의 모습을 보며 귀엽다는 듯 웃었다. 매니저는 그녀에게도 같이 가자며 손짓을 했다.

"OK!"

제시카는 경쾌한 콧소리를 내며 앞장서서 연습실로 향했다.

영한은 편안한 마음으로 연주를 마쳤고, 박수치며 환호하는 사람들을 보며 자신이 밴드의 일원이 되었음을 확신했다.

"오! 기대 이상이에요!"

매니저까지 박수를 치며 영한의 실력을 칭찬했다.

"See? I said you would make it! 거 봐요. 내가 될 거라고 했죠?"

제시카가 영한의 어깨를 두드리며 말을 건넸지만, 무슨 말인지 알아듣지 못한 탓에 영한은 어색한 미소를 지으며 어깨만 으쓱했다.

"Hey! Jessica already knew who he is? 이런! 제시카가 벌써 영한 씨의 실력을 알아본 거야?"

드러머로 보이는 건장한 체격의 남자가 제시카를 향해 말을 건넸다. 그러고 보니 밴드의 모든 멤버들이 그녀와 영어로 대화를 나누고 있었다.

'뭐야, 왜들 이렇게 영어를 잘해?'

영한 역시 대화에 동참하고 싶었지만 입이 떨어지지 않아 답답할 뿐이었다. 영한은 자유롭게 영어로 대화하는 밴드 멤버들을 부러운 눈으로 쳐다보았다.

'제시카가 마음에 들어? 그럼 네 마음을 표현해야지! 그런데 어떻게? 듣지도 말하지도 못하는데!'

밴드에 들어갔다는 기쁨도 잠시, 벙어리나 다름없는 자신의 영어 실력을 탓하며 영한은 또다시 한숨을 내쉬었다.

"Hi! How are you today?"

키맨의 인사에 다들 약속이라도 한 듯이 "Fine, thank you."를 외쳤다.

"하하! 파인(Fine)하지 않은 분은 아무도 없어요?"

키맨의 말에 멤버들은 어색하게 웃었다. 오직 영한만이 여전히 똥 씹은 표정이었다. 낮에 제시카를 만나 말 한 마디 못한 것 때문에 여전히 기분이 좋지 않았던 것이다.

"자, 오늘은 재미있는 이야기로 수업을 열어볼게요. 이건 실제 있었던 일이에요. 미국에서 교통사고가 크게 났는데 운전자가 한국인이었어요. 머리에서는 피가 나고 몸은 운전석에 끼여 꼼짝 못하고 있었죠. 경찰이 그에게 다가와 'How are you?'라고 물었더니 그가 'Fine, thank you.' 라고 대답했다는군요. 이게 바로 주입식 교육의 힘이랍니다."

"어휴, 저도 미국 가서 그러는 거 아닌지 모르겠어요."

천상주부가 남의 일이 아니라는 듯 걱정스럽게 말했다.

영한은 키맨의 말을 듣자 문득 한 달 전에 있었던 앨빈과의 웃지 못할 일이 떠올라 조심스럽게 물었다.

"저, 궁금한 것이 있는데 'Where are you from?'이 어느 나라 사람이냐는 뜻 말고도 또 다른 뜻이 있나요?"

"음, 우리는 그동안 'How are you?=안녕하세요?'라고, 'Where are you from?=어느 나라 사람이에요?'라고 배워왔어요. 그렇죠?"

모두 고개를 끄덕였다.

"그런데 정말 그럴까요?"

"네? 그럼 아니라는 말씀인가요?"

영한은 답답하다는 듯 다그쳐 물었다.

"틀린 것은 아니지만 그렇다고 맞는 것도 아닙니다. 늘 강조하지만 우리말과 외국어를 일대일로 대응한다는 것은 어려운 일입니다. 때문에 무난하게 쓰일 만한 말을 짝지어 놓은 건데요. 그걸 무작정 외우기만 하면 말이 늘지도 않고 잘못 사용하는 경우마저 생겨요. 예를 들어, 한국어 '안녕(安寧)'은 한자어로서 '아무 탈 없이 편안하다'라는 뜻입니다. 사실 이 말 그대로 영어로 옮기자면 'You don't have any problem?' 내지는 'Is everything OK with you?' 정도가 되겠죠. 그런데 저 말을 그냥 평소에 쓸 법한

Keyman's Tip

"일대일로 대응하는 습관을 버려요."

한국어와 영어의 뜻을 정확하게 일치시키는 일대일 대응은 실질적으로 어려운 일입니다. 사실 저도 왕초보 시절에는 '안녕하세요.', '안녕!', '안녕하십니까?' 각각에 해당하는 영어 표현이 뭘까 한참을 고민했어요.

그러다가 몇 년이 지나서야 언어간의 정확한 일대일 대응은 불가능하고, 그럴 필요도 없다는 것을 깨달았어요. 즉 단어 하나하나, 표현 하나하나의 뜻을 따져보는 것이 아니라, 뉘앙스를 생각하며 상황에 맞게 표현하는 것이 가장 중요하다는 것이죠. 그렇기 때문에 한영사전이나 영한사전 등에 지나치게 의존하면 영어를 제대로 익히기 어려울 수 있어요.

숙어 표현도 마찬가지입니다. 'Look for=찾다', 'Look up=존경하다' 식으로 외우곤 하는데, 원어민들이 이렇게 모든 숙어를 일일이 외울까요? 또한 지금까지 이렇게 외워오면서 제때 사용했나요? 각 단어들의 기본 이미지를 제대로 이해하면, 스스로 조합을 만들 수도 있고 처음 보는 조합이라도 그 뜻을 추측할 수 있습니다. 그러니 일대일로 대응하는 습관을 하루 빨리 벗어버리세요!

상황에 맞추다 보니 'How are you?'가 된 것이거든요."

즉 'How are you?'를 직역하면 'how (어때) are you (너는)' 정도가 되므로, 이것은 경우에 따라 '너는 몸 상태가 어때?' 혹은 '너는 기분이 어때?' 등으로 다양하게 쓰일 수 있다는 것이다.

"'Where are you from?'의 경우에는 직역하면 '어디 / 너는 / 쪽에서?'가 되죠. 이것을 조금 더 우리말 어순대로 바꾸면 '너는 어느 쪽에서 왔니?' 정도가 되겠죠. 그런데 이 말은 상황에 따라 '너는 어디 출신이야?', '어디 있다가 왔어?' 혹은 '너 누구한테서 태어났니?'(널 누가 낳았니?)로도 쓰일 수 있죠."

"아! 그게 그런 거예요?"

그제서야 영한은 앨빈이 왜 자신의 대답에 황당해했는지 알 것 같았다.

"그런데 그것들을 어떻게 일일이 다 외워요?"

천상주부가 낮은 한숨을 내쉬며 물었다.

"일일이 외우지 않아도 돼요. 외워서도 안 되고요. 영어를 계속 접하고 영어 자체의 느낌을 잡아서 자연스럽게 익혀야 합니다."

키맨은 일상에서 영어 문장을 자주 접하고 외국인과 대화를 하면서 그들이 그 말들을 어떤 식으로 쓰는지 느껴보라고 했다.

"제 설명을 이해했다면 앞으로는 '답답해'가 영어로 뭐냐는 질문은 하지 않을 거예요. 어떤 상황인지를 알아야 정확하게 들어

맞는 영어 표현을 찾을 수 있거든요. '소화가 안 되서 속이 답답해'인지, '그녀가 내 맘을 몰라줘서 답답해'인지 혹은 '옷이 꽉 끼어서 답답해'인지에 따라 표현이 달라지는 거죠."

키맨은 처음에는 단어 100여 개 정도를 활용해서 말문 트기를 시작하겠지만, 나중에는 상황에 맞는 말이 나올 수 있게 연습해야 한다고 덧붙였다.

"어때요? 영한 씨, 만족스런 답이 됐나요?"

"네. 사실 지금까지는 일대일 대응으로 배워와서 저런 생각은 해본 적이 없었거든요. 그래서 조금 혼란스럽긴 한데, 설명을 들으니 충분히 이해가 되네요."

"제가 어제 여러분에게 주문한 것이 있죠? 여러분 머릿속에 들어 있는 기존의 영어 학습법은 모두 잊어버리라고요! 자, 이제부터 그 자리를 저와 함께 하나씩 채워나가는 겁니다."

말을 마친 키맨은 칠판에 문장 하나를 썼다.

I will buy a pen to give my friend for his birthday.

키맨이 칠판에 문장을 쓰는 동안 다들 마치 약속이라도 한 듯이 더듬거리며 번역을 해나갔다.

"쉬운 문장은 애써 우리말로 옮기려 하지 말고 그냥 영어로 익히세요. 우리말로 멋지게 번역하지 않아도 무슨 의미인지 다들 아시잖아요?"

키맨은 한국인들이 영어를 오래 공부했음에도 회화를 못하는 이유 중 하나가 바로 이러한 번역식 공부 습관 때문이라고 지적했다.

"번역은 번역가가 하는 겁니다. 번역가가 되려는 게 아닌 이상 원서를 이해하고, 영화를 자막 없이 보고, 외국인이랑 무리 없이 대화하면 되는 거죠. 독해와 번역은 분명 다릅니다. 독해가 아닌 번역을 하려다 보니 속도가 더뎌지고 머리가 복잡해지는 거죠"

"간단한 문장은 그냥 영어 자체로 이해한다지만, 제법 긴 문장은 어떡하죠?"

무늬만 영어가 진지한 표정으로 물었다.

"눈에 보이는 그대로, 영어식 어순대로, 즉 그들의 사고방식대로 직역하면 됩니다. 그것을 굳이 우리식으로 문장을 완성하려다 보니 더욱 꼬이는 거예요."

"그럼 저 문장은 어떻게 해석하면 되는 거죠?"

천상주부가 답답하다는 듯 키맨에게 물었다. 키맨은 대답 대신 영한을 쳐다보았다.

"나는 / 살 것이다 / 펜 하나를 / 주려고 / 내 친구에게 / 생일 선물로."

"잘했어요, 영한 씨. 그다지 어렵지 않죠? 지난주에 제가 숙제도 내줬잖아요."

"아하, 그거군요! 영어라서 헷갈렸어요."

빨간 구두는 지난 시간에 우리말 어순을 영어식으로 바꾸는 연습을 했던 것이 기억났다.

"우리는 항상 전체 문장을 한 번 쭉 읽은 후 뒤에서부터 거꾸로 바꿔놓는, 그야말로 깔끔한 번역을 해야지만 영어를 잘하는 것이라고 배웠습니다. 그런데 영어를 모국어로 쓰는 사람들이 그렇게 뒤에서부터 거꾸로 이해할까요? 절대 아닙니다. 그냥 단어가 배열되는 순서대로 이해하고 들어야 합니다."

키맨은 영어는 한국어와는 다르다는 것을 인식하고, 영어는 영어 자체로 이해하는 게 우선이라고 강조했다.

"영어 문장을 읽을 때 영어 어순대로 직역하다 보면 어느 순간, 아예 우리말이 생각나지 않는 경지에 이르게 됩니다. 그러니 영어 실력을 제대로 키우고 싶다면 내가 어떤 언어를 읽고 있는지 의식하지 못한 채, 내용 자체에 대해서만 신경쓰는 정도가 돼야 합니다."

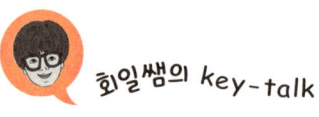 희일쌤의 key-talk

영어 발음, 어떻게 하면 원어민처럼 되나요?

영어 발음, 왜 원어민처럼 안 될까요?
한국인들의 영어 발음이 좋지 않은 이유는 발음을 한국어 소리로 배웠기 때문입니다. 두 언어의 소리가 전혀 다르다는 것을 인식하지 못하고, 느끼하게 굴리기만 하면 원어민 발음에 가까워지는 줄로 알고 있는 분들이 많지요.

boy, does를 보고 [보이], [더즈]라고 발음한다? 이건 한국어 소리입니다. 영어를 영어 소리로 발음해야지, 한국어 소리로 발음하면 그것이 정확할까요? 즉, 지금껏 우리는 영어 발음이 나빴던 것이 아니라, 그냥 영어를 한국어 소리로 발음해온 것이라고 생각하면 됩니다.

그동안 제가 연구해본 결과, 영어와 한국어는 1)발음 2)리듬 3)음절 4)발성이 모두 다릅니다. 이 중 발음, 리듬, 음절의 차이는 분명히 드러나며 단기간 집중해서 연습하면 대부분 교정되는 것을 볼 수 있었습니다.
특히 이 세 가지 요소 중 제일 바꾸기 쉬운 것이 발음이고 그중에서 소리는 소리로 배워라!
반복해서 듣고 따라하다 보면
발음이 몰라보게 달라져요~!

도 모음보다 자음이 쉽습니다. 모음은 소리 내는 방식(발성)과 어느 정도 연관되어 있어 집중 연습이 필요하지만, 자음은 대부분 조금만 노력하면 고쳐집니다.

그럼 대체 어떻게 해야 원어민처럼 발음할 수 있을까요? 그들의 발음을 최대한 자세히 들어보며, 비슷한 소리가 날 때까지 반복해서 따라하는 것이 최선입니다. 이때 무작정 따라 하기보다는 발음에 대한 기초 지식과 원리를 알면 더욱 효과적이겠죠.

영어 발음과 소리를 다룬 책을 40여 권 정도 봤는데, 책의 리스트는 영나한 온라인 카페의 게시글(http://cafe.daum.net/realstarteng/EPvx/141)을 참고하시면 됩니다. 모든 책을 다 읽기에는 시간적 여유가 부족할 테니, 그중 다음의 두 권을 추천합니다. 상호보완 효과가 있으니 두 권 다 보면서 발음을 연습해 보세요.

《Aha! I see 왕초보 영어》 김복리 / 예스북
《영어 발음 & 청취 완전 마스터》 박원규 / TOMATO

발음 연습, 어떻게 하면 좋을까요?

발음에 대한 기초 원리를 알았다면, 이제 실제로 소리 내어 연습해야겠죠? 저는 자신의 발음을 녹음한 뒤 원어민의 발음과 비교하며 들어보는 방법을 권합니다. 개그맨들도 성대모사를 하려면 그 사람의 목소리를 자세히 듣고 따라해본다고 하잖아요? 발음 연습도 마찬가지입니다. 관찰하듯이 들으면서 음원 파일 속 원어민의 발음과 최대한 비슷해지도록 소리 내어 보세요. 이때 다른 일을 하면서 음원 파일을 듣는 것은 별로 도움이 되지 않습니다. 최대한 집중할 수 있는 공간과 시간을 확보해 연습해야 합니다.

녹음할 때 스마트폰이나 mp3 플레이어 모두 녹음기로 사용해도 괜찮지만, 스피커를 사용한다면 아주 작은 건 피하세요. 최소한 손바닥 크기 이상, 소리를 크게 잘 들을 수 있는 것으로 선택해 연습하는 것이 좋습니다. 소리를 모아서 들을 수 있는 헤드폰도 좋은 도구입니다.

혼자 집중해서 들어도 차이점을 잘 모르는 경우도 많을 거예요. 이때 잘 설명해줄 수 있는 누군가가 있으면 좋겠지만, 원어민은 오히려 도움이 되지 않을 수 있습니다. 발음이야 충분히 잘 하겠지만 설명을 제대로 하지 못하는 경우가 많기 때문입니다. 이는 한국인이라고 해서 외국인에게 한국어 발음을 정확하게 가르칠 수 없는 것과 같아요. 그러므로 성인이 된 후에 훈련을 통해 정확한 발음을 익힌 사람들이 오히려 더욱 잘 가르쳐줄 수 있습니다.

녹음한 자신의 목소리를 들으면 대부분 처음엔 어색하고, 이건 내 발음이 아니라고 부정하기도 합니다. 하지만 녹음기는 거짓말을 하지 않아요. 목소리가 다르다고 느끼는 것은 녹음기는 내 입 밖의 소리만 녹음하는데 비해, 나는 몸 안의 소리도 같이 듣기 때문이지요. 녹음기에 녹음된 목소리가 남이 듣는 나의 목소리이고, 정확한 소리입니다.

원어민 특유의 좋은 발성과는 차이가 많아 연습하면서 좌절할 수도 있겠지만, 일단 발음 자체에만 집중해 보세요. 성대모사 하듯 최대한 비슷한 소리가 되도록 흉내 내다보면 분명 발음이 몰라보게 달라질 거예요.

정리할게요!
제대로 된 영어 발음을 익히려면,

1 적절한 녹음기나 스피커를 구한다. 동영상을 촬영하여 보는 것이 가장 좋다.
2 자신의 발음을 녹음해서 원어민의 발음과 비교·분석한다. 소리가 어떻게 다른지 반복해 들으며 최대한 비슷하게 따라한다.
3 혼자서는 어려울 수 있으니 영어 발음책의 설명이나 청소년기 이후에 발음을 교정한 사람의 도움을 받는다.
4 개그맨들이 성대모사를 하기 위해 모사의 대상을 최대한 따라하는 것과 비슷하다. 책이나 주변 사람들의 설명을 참고할 수는 있지만 결과적으로는 계속해서 듣고 따라하는 것이 가장 좋은 방법임을 잊지 말 것!

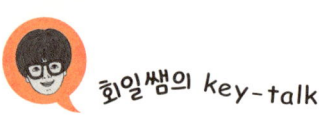 희일쌤의 key-talk

콘텐츠가 없으면 영어 말문이 막힌다!

영어 회화 실력을 키우기 위해 단순히 영어 표현만 익혀서는 부족합니다. 무엇보다 스스로 말을 만드는 법을 알아야 하며, 자기만의 생각을 갖고 그것을 표현해 대화가 이어지도록 훈련해야 하지요.

영어 말하기를 연습하다 보면 말이 끊기는 순간이 있습니다. 왜 그럴까요? 단지 영어 실력이 부족해서 그럴까요? 저 역시 처음에는 영어의 문제로만 생각했습니다. 그런데 곰곰이 생각해 보니 한국말로도 제 생각이 정리되어 있지 않은 경우가 많더라고요. 아래 경우를 볼까요?

A : What is your hobby?
B : My hobby is reading!
A : Oh, you like reading? Who is your favorite writer and why?
B : My favorite writer? um… Let me think….

> 영어든 한국어든 이야깃거리가 풍부할 때
> 유창하게 말할 수 있죠!

취미가 뭐냐는 질문에 독서라는 대답까지는 했는데 이후 대화가 진행되지 않고 있죠? 영어로 표현하지 못하는 것일 수도 있지만, 좋아하는 작가에 대해 평소 깊게 생각해보지 않은 것일 수도 있습니다. 내용이 없으니 당연히 표현하지 못하게 되는 거죠.

지금까지 우리는 영어 질문에 대해 깊이 생각하고 답하기보다는 대부분 모범답안을 보고 외워 왔어요. 자기 생각을 말해 보지도 않고 남의 생각을 외워서 답해왔다고 할까요. 즉 '나만의' 콘텐츠가 없다는 거죠.

따라서 영어로 유창하게 말하고 싶다면 영어로 표현하는 방법을 아는 것도 중요하지만, 풀어놓을 이야깃거리가 있어야 해요. 그래야 풍부하고 다채로운 대화를 할 수 있습니다. 저는 왕초보 시절 하루 1~2시간 이상 책을 읽고 걸어 다니면서 연습했습니다. 또한 영어로 말을 하다가 끊어지면 우리말로 먼저 생각을 정리한 후 다시 영어로 말하는 것을 훈련했죠. 이렇게 하니 당연히 회화 실력도 늘었지만, 가장 중요한 저만의 '생각'이 늘었답니다. 다양한 배경지식과 풍부한 이야깃거리로 무장하는 것이 유창한 영어 회화의 지름길임을 잊지 마세요!

PART 3

다섯 가지 규칙을 잡아라

다섯 가지 규칙을 잡아라!

"If you can dream it, you can do it."
키맨이 수업을 시작하며 조용히 입을 열었다.
"모두가 불가능하다 생각했던 일을 끝내 성공한 월트 디즈니가 한 말입니다."
"아….".
"모두 눈을 감고 영어로 유창하게 말하는 자신을 상상해 보세요."
키맨의 주문에 모두 눈을 감았다. 영한은 외국 바이어들을 능숙하게 안내하는 자신의 모습을 상상했다. 팀장을 비롯한 모든 팀원들이 자신을 부러워하는 눈길로 바라보고 있었다. 상상만으로도 기분이 좋아진 영한은 저도 모르게 환하게 미소를 지었다.

"'내가 할 수 있을까?'라는 의심이 들 때마다, 그래서 포기하고 싶어질 때마다 외국인과 영어로 대화하는 모습을 상상하세요. If you can dream it, you can do it!"

키맨은 오른팔을 힘차게 들어 올리며 격려의 메시지를 보냈다.

"자, 그럼 오늘의 수업을 본격적으로 시작해 볼까요? 오늘은 말문트기 비법 세 번째, '문장 늘리기'를 배워보겠습니다."

키맨이 본격적인 강의의 시작을 알리자 모두 눈을 반짝이며 그를 쳐다보았다.

"머릿속에는 하고 싶은 말이 맴돌고 있는데, 도대체 그 말을 어떻게 영어로 표현해야 할지 몰라 우리는 꿀 먹은 벙어리가 되고 맙니다. 특히 문장이 조금만 길어질 것 같으면 겁을 먹고 아예 포기해 버리죠."

"어휴, 그 심정 제가 너무나 잘 알죠!"

개츠비가 키맨의 말허리를 자르고 들어오자 빨간 구두가 눈을 흘겼다. 빨간 구두는 수업 내용을 하나도 놓치기 싫은 듯 녹음기까지 켜둔 상태였다.

"그런데 문장이 아무리 길고 복잡해도 결국 '주어+동사'의 기본 문장에 특정한 규칙에 따라 단어가 추가되는 것뿐입니다. 제가 수백 권의 영어 관련 서적들을 읽으며 확인해보니, 그 규칙은 딱 다섯 가지더군요."

제 아무리 복잡한 문장도 다섯 가지 규칙만으로 완성된다니! 순간 사람들의 표정이 환하게 바뀌었다. 영한 역시 그 정도면 해볼 만하다는 생각이 들었다.

"우선, 첫 번째 규칙은 주어와 동사의 관계입니다. 영어 문장을 완성하기 위해서는 일단 주어와 동사가 와야 된다고 했죠? 제가 지난 시간에 이걸 뭐라고 가르쳐 드렸죠?"

갑작스런 질문에 모두 당황하며 서로의 얼굴만 쳐다보았다. 그러다 샤론이 생각난 듯 큰소리로 외쳤다.

"일! 주! 동!"

"아, 맞다! 일주동!"

"네, 영어 문장이 만들어지려면 일단은 주어와 동사가 와야 합니다."

키맨은 설명에 앞서 이해하기 쉽게 정리된 그림을 한 장 보여주었다.

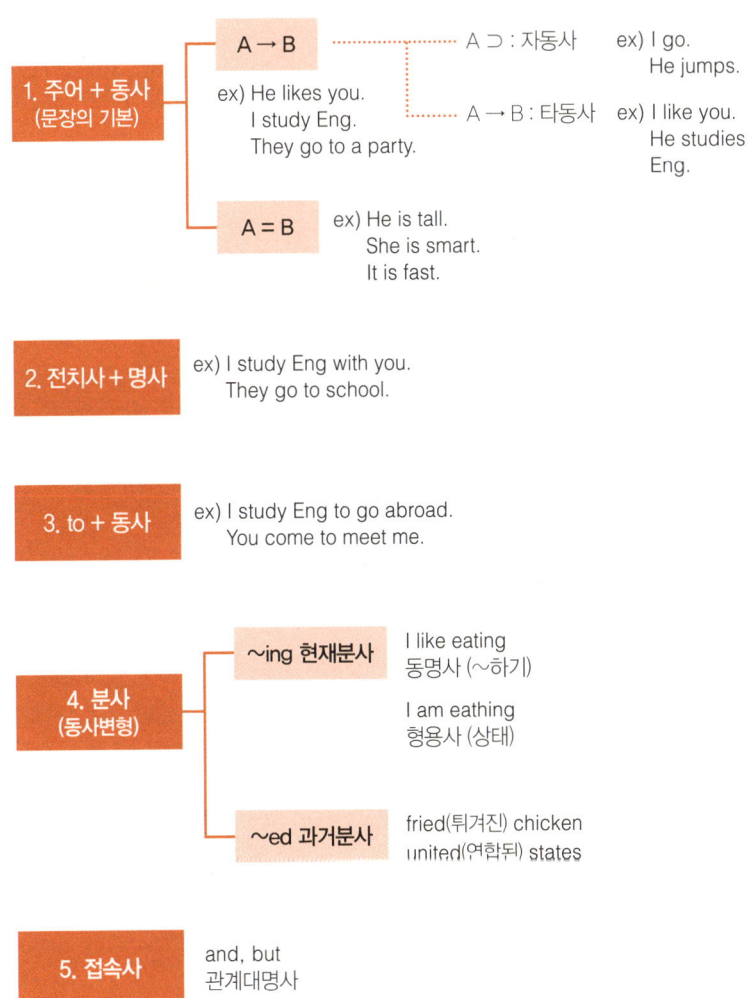

"어휴….."

여기저기서 한숨 소리가 새어나오자 키맨은 빙긋 웃었다.

"제가 나름 단순하게 정리한다고 했지만 그림을 보니 벌써부터 머리가 아프죠? 하지만 이건 우리가 아는 그런 문법이 아니니 겁먹지 마세요. 앞서 말했듯이 아주 간단한! 그것도 다섯 가지밖에 안 되는 것이니까요!"

〈영어 문장 만드는 5가지 규칙〉

1) '주어+동사'가 기본형
   - 주어가 행동하는 '→' 동사가 있어요. → 동사는 주어가 스스로에게 영향을 미치는 '자동사'와 다른 대상에게 영향을 미치는 '타동사'가 있지요. (외우지 말고 반드시 예문으로 이해하세요!)
   - 주어가 어떤 상태인지 나타내는 '=' 동사도 있어요.
2) '주어+동사'의 기본형에 명사를 데려올 때는 전치사가 필요해요.
3) 기본형에 동사를 또 데려오려면 to가 필요해요. to는 전치사로도 쓰이고, 동사를 데려오는 다리로도 쓰인답니다.
4) 기본형에 동사를 변형시켜 데려올 수 있어요. 이를 분사라고 하는데, ~ing형과 ~ed형이 있지요.

ㄴ) 접속사를 이용해 기본형으로 이루어진 다른 문장을 데려올 수 있어요.
- and, but, when 같은 접속사는 문장과 문장을 그대로 이어주니 어려울 것이 없죠?
- 관계대명사는 공통적인 명사를 매개로 문장과 문장을 연결한답니다.

키맨은 특유의 분명한 말투로 설명을 이어갔다.

"첫 번째 그림처럼 주어와 동사의 관계에서 동사는 크게 두 가지로 나뉩니다. 주어가 뭔가 행동하는 '→' 동사가 있고, 주어가 어떤 상태인지를 나타내는 '=' 동사가 있습니다. 지금까지 우리가 일반 동사 혹은 be동사라고 했던 것들인데, '→'나 '='로 이해하는 게 더 간단합니다. 예를 들어 'I like you'나 'He studied English' 같은 건 동사가 '→'로 쓰인 거고, 'I am tall'이나 'She is pretty' 등은 동사가 '='로 쓰인 겁니다."

모두 고개를 끄덕이면서도 선뜻 와 닿지는 않는 듯한 표정이었다. 키맨은 기존에 배운 문법 용어로 이해하려 들지 말고, 반드시 다양한 예문을 통해 익숙해지라고 조언했다.

"또 '→' 동사는 동사가 주어 스스로에게 영향을 미치는 '자동사'와 다른 대상에게 영향을 미치는 '타동사'로 나뉩니다. 우리가 그동안 문법 용어로 무식하게 외워왔던 것들인데요, 사실 그런 것들이 나오면 머리가 마구 아파져요."

"어휴, 정말 그래요. 벌써부터 골치 아파지려고 하네요."

천상주부가 이맛살을 잔뜩 찌푸리며 말했다.

"그러니까 머리가 조금이라도 덜 아프려면 문법 용어보다는 예문으로 익히는 게 좋아요. 자꾸 소리 내어 읽으면서 영어가 주는 뉘앙스를 느끼면 돼요. 예를 들어 'I go'에서 go는 당연히 자동사입니다. 그리고 'He swims'에서 'swim' 역시 자동사죠. 가거나 수영하는 데 어떤 대상이 필요하진 않잖아요? 반면에 'She likes you'에서 '그녀가 좋아한다'라고 말하면 '누구를?'이라는 생각이 듭니다. 대상이 필요한 거죠. 그래서 'like'는 타동사입니다. 그렇다면 'They make computers'에서 make는 자동사일까요, 타동사일까요?"

"음, 그들은 만든다. '무엇을?'이라는 대상이 필요하니 이건 타동사겠네요."

빨간 구두가 너무 쉽다는 표정으로 피식 웃었다. 천상주부도 예문을 통해 설명하니 이제야 이해가 된다며 고개를 끄덕였다.

"모두 이해가 되셨으면 이제 두 번째 규칙인 전치사와 명사의 관계에 대해 설명할게요. '주어+동사'가 있는 기본 문장에 명사를 데려올 때는 in, on, of, behind, about 등 '전치사'라는 다리가 필요합니다. 이때 우리의 머리를 복잡하게 만드는 것은 어떤 상황에서 어떤 전치사를 쓰느냐는 것이죠. 우리말에는 전치사가 없기 때문에 이해하기 힘든 것이 사실입니다."

"에고, 또 어려워지려고 해요."

"어렵다기보다 그냥 익숙하지 않다고 보는 게 맞아요. 새로운 것을 배울 때 처음부터 잘하는 사람은 없어요. 다들 시행착오도 겪고 반복해 훈련하면서 익히는 거잖아요. 그러니 땅이 꺼져라 한숨부터 내쉬면 안 됩니다."

키맨이 멤버들을 격려한 후 다시 설명을 이어갔다.

"at, to, for 같은 전치사를 '~에', '~로', '~위해'라는 식으로 한국어에 일대일 대응해서 생각하니 영어가 더 어려운 겁니다."

"그럼 어떻게 하죠?"

"일대일로 암기하지 말고 각 전치사에 대한 기본 느낌을 알려드릴 테니 '아 이런 거구나!'하고 감을 잡아보세요. 그리고 여러분 스스로 영어 문장을 많이 접하면서 전치사가 어떤 식으로 쓰이는지 많이 경험해야 해요. 인절미를 먹어보지 않은 외국인에게 '쌀로 만든 케이크 같은 것'이라고 백날 설명해봐야 치즈 케이크와의 차이점을 모르는 것과 같아요."

전치사는 한국인에게 어려운 게 당연하니, 맞고 틀리는 것에 연연하지 말고 일단 많이 써 보라는 말이었다.

- at : 점, 목표, 에너지가 모이는(레이저 포인터처럼) 이미지
- to : 방향(가리키는 것과 기준 사이에 간격이 있음), 화살표
- for : 그 대상을 생각하면서, 몇 가지 중에 그것

"전치사들 중엔 서로 비교해서 봐두면 좋은 것들이 있어요. 예를 들어 at과 to를 비교해서 익혀두고, to와 for를 비교해서 익혀두면 이해하는 데 도움이 될 거예요."

A : Can you throw the ball to me?
나에게 그 공을 던질 수 있니?
B : You can't throw the ball at me!
너는 날 맞추려고 그 공을 내게 던지면 안 돼!

"A는 단순히 공을 내 방향으로 던지는 느낌이라면, B는 나를 정확하게 노리고 던지는 느낌입니다. 그 방향으로 던지는 것과 그걸 맞추려고 하는 뉘앙스의 차이죠."

"아! 그러니까 A는 그냥 '공 좀 던져줄래?' 이거군요?"

"맞아요! 그에 비해 B는 '정확하게 나를 타깃으로'라는 의미를 담고 있죠."

A : Can you buy this for me?
　　너 이거 나 위해 살 수 있어?

B : Can you write a letter for me?
　　너 편지 쓸 수 있어, 나를 위해?

C : I can write a letter to you.
　　나는 너에게 편지 쓸 수 있어.

"이것은 to와 for의 차이를 느낄 수 있는 문장입니다. 마지막 예문에서 to는 단순히 방향만을 나타내는, 즉 편지를 쓰는데 '누구에게'라는 의미예요. 하지만 앞의 두 문장에서 for는 너를 생각하면서, 즉 '여러 사람 중에서 너를 위해' 편지를 쓰는 뉘앙스입니다."

"음, 작은 차이지만 의미가 다른 게 느껴져요."

무늬만 영어가 고개를 끄덕이며 말했다. 지금껏 키맨이 설명한 뉘앙스의 차이는 생각해본 적 없이 그저 학생들에게 외우라고만 했던 그였다.

"자, 다시 질문 들어갑니다! '주어+동사'의 기본 문장에 명사를 데려오기 위해 필요한 다리는 무엇이라고요?"

"전치사요!"

"그렇다면 '주어+동사'의 기본 문장에 동사를 추가로 데려오기 위해 필요한 다리가 뭘까요?"

"그러니까, 그게…."

"여러분은 이미 답을 알고 있어요. 우리가 흔히 알고 있는 'to 부정사'가 바로 그것입니다. 즉, 기본 문장에 동사를 하나 더 데려올 때는 앞에 to를 두는 거죠. 이것이 바로 세 번째 규칙인 'to+동사'입니다. 기존 문법에서 배워온 to 부정사의 어떠어떠한 용법, 이런 건 전부 잊으셔도 돼요! 사실 저도 하나도 모릅니다. 하하!"

키맨은 칠판에 예문을 몇 개 적었다.

I go to study.
He has a book to read.

"그렇다면 기본 문장에 명사와 동사를 모두 데려오는 경우를 한 번 볼까요?"

He goes to the library to study English everyday.
그는 / 갑니다 / 도서관에 / 공부하러 / 영어를 / 매일

"이 문장의 기본 문장은 '그는 갑니다', 즉 'He goes'입니다. 여

기에 명사를 데려오려면 필요한 다리가 바로 at, to, of 같은 전치사라고 했죠? 그래서 'He goes to the library'가 됩니다. 그리고 기본 문장에 동사를 또 데려오려면 필요한 다리 역시 to라고 했죠? 그래서 'He goes to the library to study'가 되는 겁니다. 위 문장에서처럼 to는 명사를 데려올 수도 있고 동사를 데려올 수도 있는 거예요."

키맨의 설명에 사람들은 고개를 끄덕이며 부지런히 필기했다.

"메모를 하는 건 좋은데 설명을 외우지는 마세요. 그보다는 끊임없이 사용해서 직접 문장을 만들어 보는 것이 좋아요."

키맨은 골치 아픈 이론으로만 받아들이지 말고, 그것을 적용해 직접 문장을 말해볼 것을 강조했다.

"네 번째 규칙은 기본 문장에 동사가 변형된 분사가 오는 경우입니다. 분사 역시 간단하게 알려 드릴게요. 첫째, 한 문장에 동사가 이미 있는데 또 하나의 동작을 넣으려면, 동사 형태를 바꿔서 붙입니다. 둘째, 동사의 모양만 바꿔서 명사를 꾸미기도 합니다."

"동사가 명사를 꾸미기도 한다? 어휴, 뭐가 그리 복잡하죠?"

개츠비가 한숨을 내쉬며 물었다.

"자, 쉬운 설명 나갑니다! 우리가 흔히 프라이드 치킨, 프라이팬이라고 하는 것은 사실 'fried chicken'이고 'frying pan'이에요. '튀기다'라는 동사 fry가 fried 또는 frying 형태로 변형된 것이죠. 이때 '~ed' 형태가 되면 '~된 것'이고 '~ing' 형태면 '~하는 것'이 돼요."

"아하! 그럼 'fried chicken'은 '튀겨진' 닭이고, 'frying pan'은 '튀기는' pan이 되는 거네요?"

"바로 그겁니다! 여기서 중요한 건 동사와 분사의 뜻을 일일이 외우는 게 아니라, 영어를 읽거나 듣다가 fried chicken이 나오면 'fried? 아, 뜻은 정확히 몰라도 이건 fry가 된 치킨이란 말이구나'하고 알아채야 한다는 거예요. 거듭 강조하지만 설명은 참

Keyman's Tip

예문으로 접해볼까요?

scare는 '겁주다', '무섭게 하다' 정도의 뜻이죠?
"Don't scare me! You are scaring. So I'm scared."
겁주지 마, 나를! 너는 겁주고 있어. 그래서 나는 겁먹었어.

bother는 '귀찮게 하다' 정도의 뜻인데요,
"Don't bother me! You are bothering. I'm bothered."
귀찮게 하지 마, 나를! 너는 귀찮게 하고 있어! 나는 귀찮아졌어.

I'm scared, I'm bothered에서 동사는 scared, bothered가 아니라 am 입니다. I scared 는 내가 무섭게 구는 것이고(I → scared), I am scared 는 내가 무서워진 상태인 거지요(I = scared).

고만 하세요. 궁극적으로 여러분의 머리에는 영어 이론에 대한 설명이 아니라 영어 자체가 남아야 해요."

키맨은 보다 완벽하게 이해하기 위해 다른 사람에게 같은 내용을 설명해볼 것을 권했다. 만약 설명하다가 막힌다면 예문을 반복해서 접하며 그 느낌을 익히라고 했다.

"다섯 번째 규칙은 문장의 접착제, 바로 접속사에 관한 것입니다. 왕초보인 여러분이 알아야 할 접속사는 and, but, when 같은 것들이에요. 이런 것들은 문장과 문장을 이어주는 역할을 하죠. 예문을 적어볼게요."

I like you and you like him.

"나는 너를 좋아한다, 그리고 너는 그를 좋아한다. 쉽죠? 이처럼 and나 but은 문장과 다른 문장을 이어줄 때 쓰는 접속사예요. 이건 다들 어렵지 않게 써왔을 거예요. 그런데 또 다른 종류의 접속사가 있죠. 바로 관계대명사예요. 관계대명사는 말 그대로 문장의 관계를 이어주는 대명사라고 보면 됩니다. 처음 말을 배울 때는 '내 친구가 가방 사줬어. 나 그 가방 가져왔어' 이런 식으로 말하죠. 하지만 조금 익숙해지면 '내 친구가 사준 가방 가져왔어'처럼 말하게 되죠? 관계대명사도 이런 거예요."

I like the boy.
The boy can speak English.

"이렇게 두 문장이 있을 때 공통으로 들어가는 boy를 매개로 'I like the boy who can speak English'라고 쓸 수 있어요. 즉 명사가 한 문장과 다른 문장을 연결하는 역할을 하는 거랍니다."

키맨은 멤버들이 제대로 이해하고 있는지 보려는 듯, 한 사람 한 사람의 얼굴을 바라보며 말했다.

"자 그럼, 다섯 가지 규칙을 알았으니 다양한 문장으로 연습하는 것이 가장 중요하겠죠? 오늘은 엄청난 양의 숙제가 나갈 테니

 Keyman's Tip

명사로 생각하기 쉽지만, 명사가 아니라서 다리가 필요 없는 것들이 있어요. 흔히 '장소 부사'라고 하는 here, there, home, abroad 같은 녀석들입니다. 예를 들면,

Come here!
We will go there.
I can go abroad.
She will come home.

이런 식으로 동사 뒤에 전치사 없이 바로 나온답니다.
위 문장들을 소리 내어 말하면서 익혀두세요~.

다들 각오해 주세요. 드디어 별표 복습법을 활용할 때가 왔거든요."

"별표 복습법이요? 그게 뭐죠?"

"영어 회화를 잘하기 위해 필요한 것은 정확히 말하면 '공부'가 아니라 '연습'이에요. 체화될 때까지 반복해서 훈련하는 것이죠. 지금 말하는 건 예전에 제가 왕초보일 때 효과를 본 방법인데요, 각 문장을 다섯 번씩 연습하고 별 하나를 완성해 보세요. 어려운 문장이라도 아마 열 번 복습하기 전에 익숙해질 겁니다. 그리고 한 번 본 것을 계속 보다 보면 지겨워지죠? 이때는 연습하면서 걸린 시간을 적어보세요. 하나의 문장을 보고 1초 안에 말이 나오는 것을 목표로 연습하면 됩니다."

"네? 1초요? 그건 완전 자동으로 나오게 하라는 건데…."

개츠비가 뒷목을 긁으며 말했다.

"맞아요, 자동으로! 바로 말할 수 있는 문장에는 ○표를, 더듬거리거나 틀리는 문장에는 / 표시를 해서 구분해 보세요. ○표가 연속해서 표시된 문장은 완벽히 익힌 것이니 그만하고 다음 문장으로 넘어가도 좋습니다. 하지만 / 표시가 연속해서 그려지는 문장은 반드시 다음 날에도 연습해야 합니다. 이런 식으로 한 페이지에 있는 문장들을 연습할 때마다 하루에 선 하나를 긋는 거예요. 별 모양은 5개의 획으로 이루어져 있으니, 5일이 지나면 별 하나가 완성되겠죠? 제가 이런저런 학습법을 경험하며 찾아낸 방법인데, 단순해 보이지만 시간 대비 효율성이 가장 높은 방법이랍니다. 다들 아시겠죠?"

Keyman's Tip

별표 복습법, 예를 들어 볼게요.

첫째 날) chapter 1 /
문장 A : O
문장 B : /
문장 C : /

둘째 날) chapter 1 /
문장 A : OO
문장 B : /O
문장 C : //

셋째 날) chapter 1 ☆
문장 A : OOO (연습 종료)
문장 B : /O/
문장 C : ///

넷째 날) chapter 1 ☆
문장 A : ~~OOO (연습 종료)~~

문장 B : /O/O
문장 C : ///O

다섯째 날) chapter 1 ☆
문장 A : ~~OOO (연습 종료)~~
문장 B : /O/OO
문장 C : ///OO

여섯째 날) chapter 1 ☆/
→ 별 하나 완성 후 다시 시작!
문장 A : ~~OOO (연습 종료)~~
문장 B : /O/OOO
　　　　(O가 3개니 거의 연습 완료)
문장 C : ///OO/
　　　　(아직 불안한 상태니 계속 많이 연습)

저 하늘의 별을 따라!

"뭐야, 내일부터 대낮에 별 따러 가야 하는 거야? 이 많은 걸 언제 다 해? 내가 무슨 배우도 아니고!"

영한은 집으로 돌아오는 지하철 안에서 키맨이 내준 숙제를 보며 투덜거렸다. 회사에서의 위기를 피해 보려다 더 큰 혹을 달게 된 것은 아닌지 내심 걱정이 되었다.

이리 와	Come
앉아	Sit
네 책을 꺼내	Take your book out

집중해	Focus
잊지 마	Don't forget
떠들지 마	Don't chat
먹지 마	Don't eat
자지 마	Don't sleep
하지 마	Don't do it
나가	Go out

*여러분이 선생님이 되어 교실에 있다고 상상하고 소리 내어 연습해 보세요.

지하철에서 내려 골목을 걷는 동안 영한은 이번 주에 해야 할 숙제를 떠올렸다. 그중에는 애써 노력하지 않아도 금세 외어버릴 만큼 쉬운 문장도 있었다.

"Come."

"Sit."

"이리 와! 앉아! 제법 재밌는데?"

영한은 주위를 힐끔거리며 아무도 없는 것을 확인한 후 연기하듯이 영어 문장을 내뱉었다. 키맨이 영어 공부를 하다가 연기자가 되는 거 아닌가 할 만큼 감정을 담아 연습하라고 했기 때문이다.

"Come!"

"Sit!"

이번에는 늦게 온 학생에게 화가 난 선생님처럼 제법 위엄 있는 목소리로 말했다.

"오호! 느낌 오는데?"

집 앞에 다다를 때까지 영한은 연습을 계속했다. 저만치서 인기척이 느껴지면 급히 목소리를 낮췄지만, 아무도 없는 것이 확인되면 다시 중얼거리기를 반복했다.

"Hey, come!"

집으로 들어선 영한은 나한을 보자마자 묵직한 목소리로 말했다. 나한은 얼떨결에 영한의 앞에 와서 섰다.

"Sit!"

"뭐야, 키맨이 내준 숙제하는 거야?"

그제야 눈치를 챈 나한이 인상을 쓰며 돌아섰다.

"야, 좀 도와줘. 내가 선생님 역할을 할 테니까 네가 학생 역할을 좀 해줘."

"무슨 말도 안 되는 소리야. 나 내일 새벽에 출근해야 해. 대신 좋은 제자 하나 데려다 줄 테니 기다려 봐."

잠시 후 나한은 커다란 곰 인형을 영한에게 냅다 던졌다.

"이, 이거 여친이 준 거라고 만지지도 못하게 하던 그거 아냐?"

"걔랑 헤어진 게 언젠데. 이제부터 그 곰순이가 형 제자라고 생각하고 열심히 연습해. 난 자러 간다."

"Don't sleep. Please!"

영한이 애절하게 외쳤지만 나한은 그대로 방문을 닫아버렸다.

자기 방으로 들어온 영한은 나한이 던져준 곰 인형을 침대에 올려 놓았다. 그러고는 낮고 엄한 목소리로 말했다.

"Take your book out."

당연하게도 곰 인형이 아무 반응을 하지 않자, 영한은 미간을 찌푸리며 더욱 크고 엄한 목소리로 말했다.

"헤이, 곰순! Take your book out."

그렇게 반복해서 다섯 번을 말한 뒤 영한은 키맨에게 받은 종이에서 해당 문장을 찾아 별을 하나 그려 넣었다.

"너, 앞으로 내가 책 꺼내라고 하면 꾸물대지 말고 즉시 꺼내. 알겠지? Don't forget!"

영한은 곰 인형을 앞에 두고 계속해서 "Focus."와 "Go out."을 외쳤다.

"흠, 이것도 나쁘진 않군."

영한은 혼잣말로 중얼거리며 이불 속으로 파고들었다. 지금보다 더 길고 세련된 문장으로 동료들을 깜짝 놀라게 해줄 그날을 꿈꾸며 영한은 잠을 청했다.

점심을 먹은 영한은 조용히 회사 옥상으로 향했다. 옥상으로 나가는 문 앞에서 숙제 종이를 꺼내들고는 옆에 동료들이 있다고 상상하며 진지한 목소리로 말했다.

"Let's open the door."

문을 연 영한은 다시 주위를 둘러보며 말했다.

"Let's come in."

옥상에는 직원들의 휴식을 위한 간이 의자가 있었는데, 영한은 의자를 손으로 가리키며 말했다.

"Let's sit."

영한은 계속해서 숙제 종이를 보며 상황에 맞는 영어 문장을 고른 후 소리 내어 말했다. 그러고는 반복해서 연습하며 별을 그려나갔다. 어제만 해도 유치하게 느껴지던 별이 오늘은 꽤 정감 있게 다가왔다.

그 문을 열어보자	Let's open the door
들어가자	Let's come in
읽어보자	Let's read
생각하자	Let's think

답을 보지 말자	Let's not see the answer
포기하지 말자	Let's not give up
일어나자	Let's get up / Let's stand up
집에 가자	Let's go home
숙제하자	Let's do our homework

"어이, 영한 씨 거기서 혼자 뭐해?"

김 대리와 한 대리였다.

"밥만 먹고 훌쩍 사라지기에 밀린 업무라도 있나 생각했는데, 여기서 혼자 청승 떨고 있었어?"

김 대리는 지난 번 싱가포르 바이어와의 해프닝 이후 영한이 부쩍 의기소침해 있는 것 같아 안쓰러워하는 눈치였다.

"기운 내. 사람들은 남의 일은 금방 잊어버린다구. 그리고 열심히 노력해서 앞으로 더 잘하면 되잖아. 안 그래, 한 대리?"

"에이, 그건 아니지. 시트콤에서나 봤음직한 사건이었는데 그걸 어떻게 쉽게 잊겠어?"

"어흠, 옥상도 꽤 덥네. 사무실로 내려가자고!"

한 대리의 눈치 없는 말에 김 대리는 얼른 말을 돌렸다.

"저는 먼저 내려갈게요. 두 분 천천히 말씀 나누세요."

영한은 아무렇지 않은 듯 씽긋 웃으며 뒤돌아섰다. 사무실로 내려가는 계단에 서서 영한은 큰소리로 외쳤다.

"Let's not give up! Never! Never!"

사무실에 막 들어섰을 때 휴대폰이 울렸다. 낯선 번호였다.

"안녕, 영한 씨! 나 레드 슈즈야."

"레드 슈즈? 아! 빨간 구두!"

키맨과의 첫 수업이 끝났을 때 멤버들은 다시 인사를 나누며 서로에 대해 좀 더 자세한 이야기를 나눴었다. 빨간 구두는 영한보다 두 살이 많았지만 두 사람은 친구처럼 지내기로 한 상태였다. 둘 다 회사에서 영어 때문에 곤란한 상황에 놓인 처지다 보니 영한 역시 빨간 구두가 다른 멤버들보다 더 가깝게 느껴지는 듯했다.

"별은 많이 땄어?"

빨간 구두는 영한에게 숙제가 잘 돼 가는지 물었다. 영한이 그냥저냥 하고 있다고 하자, 빨간 구두는 퇴근 후에 만나서 같이 연습하는 게 어떠냐고 물었다. 영한은 곰 인형을 앞혀놓고 하는 것보다는 실제 사람과 연습하는 것이 좋겠다 싶어 흔쾌히 승낙했다.

"영한 씨, 대신 우리 나중에 만나면 영어만 써보는 건 어때? 이번에 받은 숙제 문장 중에서 상황에 맞는 것을 골라서 해보는 거야."

"그거 좋은데?"

"그럼 먼저 한국말을 쓰는 사람이 커피 쏘는 거다."

"오케이!"

영한은 둘 다 말문이 막혀 멀뚱거리고 있을 모습이 상상됐지만 흔쾌히 그러자고 했다. 어차피 지금은 연습의 과정이고, 그 과정에서 창피함을 겪어야 한다면 같은 처지에 있는 빨간 구두 앞이 낫다고 생각한 것이다.

"Hey, 영한!"

영한이 커피숍으로 들어서자 빨간 구두가 손을 번쩍 들어 그를 불렀다. 그러더니 큰소리로 "Come!"을 외쳤다. 주위 사람들이 힐끔거렸지만 그녀는 개의치 않았다. 주위의 시선을 부담스러워 한다던 내성적인 성격은 온데간데없이 사라진 듯했다. 그리고 보니 오늘도 그녀는 빨간 구두를 신고 있었다. 그녀에게 빨간 구두는 용기와 자신감을 주는 마법의 구두인 것이 확실했다.

"Sit."

빨간 구두는 생글거리며 영한에게 말했다. 먼저 왔다면 시작부터 자신이 유리했을 거라는 아쉬움에 영한은 입을 쩝쩝거렸다. 하지만 이내 장난기가 발동한 영한은 화가 난 표정으로 빨간 구두에게 소리쳤다.

"Stand!"

"으응?"

빨간 구두가 난처한 듯 영한을 쳐다보았다.

"Stand!"

영한은 빨간 구두를 똑바로 쏘아보며 소리쳤다. 빨간 구두는 할 수 없이 자리에서 일어났다.

"Go out!"

영한은 기다렸다는 듯 더욱 크게 외쳤다. 그의 손끝은 이미 카페의 입구를 가리키고 있었다.

"Please….."

빨간 구두는 두 손을 가지런히 모으며 애원하듯 영한을 바라보았다. 물론 그녀가 먼저 시작한 만큼 마냥 영한을 원망할 수는 없는 일이었다.

"이런 이런, 내가 졌어!"

빨간 구두는 두 손을 들어 패배를 인정했다.

"그럼 누나가 커피 사는 거지?"

"어휴, 알았어. 대신 우리 오늘 저 하늘의 별은 다 따 버리자! 오케이?"

빨간 구두는 숙제 종이에 별을 모두 그려 넣자며 열의를 불태웠다.

"나야 당연히 찬성이지! Let's do our homework."

"호, 제법인데!"

빨간 구두와 영한은 먼저 한 사람이 한국어로 말하면 다른 사람이 영어로 바꿔 말하는 훈련부터 시작했다. 어떤 한국어를 듣든지 반사적으로 영어로 말할 수 있게 연습하라던 키맨의 주문처럼 그들은 머리와 입이 동시에 움직일 때까지 연습하고 또 연습했다. 주위 사람들이 계속해서 그들을 힐끔거렸지만 그런 것에 신경쓸 여유가 없었다. 지금 그들에게 중요한 것은 오직 하나, 영어 벙어리에서 벗어나 직장에서 살아남는 일이었다.

핑계는 안드로메다로

　밖에서는 빨간 구두와 맹훈련을, 집에서는 아쉬운 대로 곰 인형을 붙잡고 연습한 덕분인지, 자신감이 붙은 영한은 키맨과의 수업이 은근히 기다려졌다. 이번 주의 수업은 금요일 저녁과 토요일 낮 시간으로 잡혀 있었다.
　"참, 이번 일요일 연습 때는 꼭 제시카에게 말을 붙여 봐야지!"
　주중에 짬이 날 때마다 밴드의 연습실에 들렀지만 영한은 도통 제시카를 볼 수가 없었다. 나중에 안 일이지만 제시카는 주중에는 대학원 수업과 인디밴드에서의 연주를 병행하고 있어 일요일에만 밴드에 온다고 했다.

"자, 이제 짝이 지어졌으니 시작해 볼까요? 어느 팀이 먼저 할까요?"

키맨은 지난 주의 과제를 확인하는 것으로 네 번째 수업을 시작했다.

"저희가 먼저 할게요!"

빨간 구두가 영한의 팔을 덥석 쥐고는 자리에서 벌떡 일어났다.

"하하! 빨간 구두님과 영한 씨가 훈련을 많이 한 모양이군요. 기대가 됩니다."

"와."

"Come."

"앉아."

"Sit."

빨간 구두가 한국어로 말하자 영한이 곧장 영어로 바꿔 말했다. 빨간 구두는 스토리가 만들어지도록 순서를 섞기도 하고, 비교적 긴 문장은 여러 번 반복해서 묻기도 했다. 영한은 그 모든 것을 재빠르게 영어로 바꾸는 데 성공했다.

"우와! 완전 빠른데요."

"어머, 영한 씨는 연기자 해도 되겠어요!"

"제가 무슨 연기자씩이나. 헤헤."

말은 겸손하게 했어도 영한은 사람들의 칭찬에 기분이 좋아졌다. 비록 짧고 간단한 문장들이었지만 막힘없이 술술 영어가 나온다는 것이 신기하기까지 했다. 더구나 며칠 동안 열심히 연습한 결과라고 생각하니 뿌듯한 마음마저 들었다.

순서를 바꾸어 이번에는 영한이 빨간 구두에게 한국어로 말을 건넸다. 빨간 구두 역시 재빠르게 영어로 바꿔 말해서 사람들의 칭찬을 받았다. 기분이 좋아진 두 사람은 서로를 향해 엄지손가락을 들어보였다.

"책을 꺼내자."

"음, 그, 그게. Let's….''

하지만 모든 사람이 영한과 빨간 구두처럼 최선을 다해 연습한 것은 아니었다.

"지난 주에 야근이다 회식이다 하며 회사가 당최 사람을 놔줄 생각을 안 해서요….''

개츠비가 머리를 긁적이며 멋쩍어했다.

"저 같은 주부들은 집안 살림 하랴, 애들 돌보랴 하루가 얼마나 바쁘다고요. 어떻게 그 많은 문장을 반복해서 읽고 외우고 하겠어요?"

천상주부가 투덜거리며 말했다.

"전 시간은 부족하지 않았는데, 함께 연습할 상대가 없다 보니 잘 안 되더라고요."

샤론도 거들고 나섰다.

"Where are you going? What are you doing today to get there?"

끝없이 이어지는 변명을 듣고만 있던 키맨이 마침내 입을 열었다.

"다시 한 번 물어볼게요. 여러분은 영어 회화를 왜 잘하려고 하죠? 목표가 있다면 최선을 다할 수밖에 없습니다. 이를 위해 여러분은 오늘 하루 어떤 노력을 했나요?"

강의실에는 잠시 침묵이 흘렀다.

"그게, 목표는 분명한데 시간이 여의치가 않네요. 숙제 없이 할 수는 없을까요?"

"Obstacles are what you see when you take your eyes off the goal. 장애물은 언제나 목표물에서 눈을 뗄 때 보이는 것입니다. 목표에 집중하는 한 결코 이런저런 장애물이 보이지 않습니다."

"어휴, 저도 절박해요. 전 당장 몇 달 후면 미국에 가서 살아야 한다고요. 다만 시간이 부족해서 그러는 거니까요."

천상주부는 뾰로통한 표정을 지어보였다.

"천상주부 님처럼 집안일을 하시는 분들 중에는 집안 곳곳에 공부할 내용을 붙여놓고 자투리 시간을 활용하는 분도 있더군요. 식사 준비나 청소 등을 하면서 소리 내어 연습하는 거죠. 만약 이런 식의 노력도 부담스럽다면 절박한 것이 아니거나 그저 '잘하면 좋겠는데' 정도의 마음일지도 몰라요."

키맨은 지금까지 한 번도 들어보지 못한 단호한 목소리로 말했다.

"그리고 제가 내준 숙제는 반드시 상대가 있어야 할 수 있는 것이 아닙니다. 다른 사람과 함께 연습하거나 여럿이 함께 상황극을 해도 좋겠지만, 혼자 해도 아무 상관없습니다. 아니, 오히려 혼자 하는 연습은 회화 실력을 늘리기 위해 반드시 필요한 과정입니다."

"네? 혼자서 어떻게 해요?"

"실력을 키우려면 혼자서 연습해야 한다구요?"

"그래요. 한국에서 영어를 공부하는 성인들이 꼭 해야 하는 방법 중 하나가 바로 '혼잣말'입니다. 아직도 많은 분들이 외국어 공부를 하려면 원어민 선생님이 있어야 한다고 생각합니다. 하지만 한국에서 많아야 일주일에 5시간 정도인 원어민과의 대화로 충분할까요? 게다가 말을 전혀 못하는 상태에서는 어차피 'How are you? Fine, thank you.'라고 하고 나면 할 말도 없고요."

"듣고 보니 정말 그러네요."

"나이가 어리다면 외국어를 접하는 시간을 늘리면 자연스럽게 그 언어를 익히게 됩니다. 하지만 성인의 경우에는 절대 그렇지 않습니다. 그래서 혼잣말로 연습해야 한다는 거죠. 특히 여러분처럼 왕초보인 사람들에게는 정말 유용합니다. 혼자 하는 말이기 때문에 상대방이 없어도 되고, 시간에 구애받지 않고 자기가 하고 싶을 때 하면 되고요. 게다가 무엇보다도 실수에 대한 부담이 없어요."

"하긴, 혼자 하는 말이니 틀린다고 뭐라 할 사람은 없겠군요."

영한은 키맨의 말에 고개를 끄덕였다.

"그뿐만이 아닙니다. 혼잣말은 충분히 생각하며 연습할 수 있어요. 대답을 기다리는 상대방이 있는 것이 아니니 여유를 가지고 말할 수 있죠. 내가 하는 말이 문법에 맞는지, 내가 연습한 문장 중에 지금 말하고 싶은 것과 비슷한 게 있었는지 등을 생각할 수 있고요. 물론 그렇다고 해서 한참을 생각하며 문법적인 부분을 따지라는 것은 아닙니다."

"그러면 어설픈 문장으로 혼잣말을 하는 것보다 영화에 나오는 대사를 따라하며 외우는 건 어떤가요?"

빨간 구두는 영화나 책에서 나오는 문장은 원어민들이 쓰는 완벽한 문장이니 그걸 따라하는 게 더 낫지 않느냐고 물었다.

"이미 만들어져 있는 좋은 문장을 따라하는 것도 필요합니다.

그러나 우리가 남이 하는 말만 계속 따라할 건 아니잖아요? 생각이 다른 경우가 전혀 없나요? 게다가 책이나 영화에 나오는 말을 외워도 우리가 그 말을 실제로 하게 되는 상황은 많지 않아요."

"그렇긴 하네요. 사랑을 고백하는 말을 외워봤자 제가 영어로 사랑을 고백할 상황이 얼마나 있겠어요?"

빨간 구두는 키맨의 말이 이해된다며 고개를 끄덕였다.

"우리가 원하는 것은 내가 말하고 싶은 것들을 영어로 표현하는 것입니다. 그날을 하루라도 앞당기려면 평소에 내 생각을 영어로 표현하는 연습을 하는 것이 가장 중요합니다."

키맨은 필요에 의해 익힌 것들은 머릿속에 콕 박히게 된다며, 평소 영어로 혼잣말을 하며 생각을 표현해야 한다고 강조했다.

"물론 영화나 책도 이러한 필요성을 적절하게 활용한다면 꽤 효과가 있습니다. 예컨대 '이건 어떻게 말해야 되지?'라는 의문이 들 때 영화나 책에서 그 표현을 접한다면 '아! 이렇게 표현하는구나!' 하고 기억에 확실하게 남게 되는 거죠. 하지만 그런 의문 자체가 없다면 그냥 지나치게 되겠죠?"

"정말 그런 것 같아요! 저도 예전에 정말 궁금한 표현이 있었는데, 영화에서 그 표현을 보니 기억하기도 쉽더라고요."

개츠비가 키맨의 말에 공감하며 거들었다.

"하지만 아무리 혼잣말이라고 해도 엉터리로 하면 안 되잖아요?"

가만히 이야기를 듣고 있던 샤론이 틀리게 말을 할 바에는 그냥 입을 닫고 있는 게 더 낫지 않느냐며 물었다.

"그렇지 않습니다. 우리의 가장 큰 문제점 중 하나가 틀릴까 봐 영어로 말하려는 시도조차 않는 것입니다. 틀리면 어때요? 원래 뭐든 틀리면서 배우는 거 아닌가요? 그리고 틀리면 더 확실히 기억하게 되지요. 그러니 문장이든 단어든 가리지 않고 쉬운 것부터 자꾸 영어로 말하는 것이 중요합니다."

"그래도…."

샤론은 여전히 고개를 갸웃거리며 말했다.

"시간이 없다, 말을 할 상대가 없다, 잊어버리고 잘 안하게 된다는 등의 핑계는 저 멀리 안드로메다로 보내버리세요. 여기까지 나와서 실행하지 않고 변명만 한다면 정말 시간 낭비하는 것이 아닐까요? 다시 한 번 말하지만, 성공자는 방법을 찾고 실패자는 변명을 찾습니다!"

혼자서도 잘해요

"그럼 혼잣말 연습은 어떻게 해야 잘하는 거죠?"

빨간 구두가 질문했다. 영한도 내심 궁금했던 터라 귀를 쫑긋 세웠다.

"저는 주로 제 일상이나 길을 걸으면서 눈에 보이는 것들을 묘사했어요."

"어휴, 원래부터 그 정도 영어 실력은 되셨으니 그 방법이 효과적이었던 게 아닐까요?"

이번에도 샤론이었다. 빨간 구두가 샤론을 슬쩍 흘겨보며 못마땅한 표정을 지었다.

"하하! 저 역시 영어 공부를 시작할 당시에는 여러분처럼 왕초보였습니다. 그러니 당연히 제대로 된 문장일 리가 없었죠. 하지만 어떻게 첫술에 배부르겠어요? 초보 때는 완벽한 문장을 만들기보다는 더 많이, 더 자주 영어로 말하면서 영어식 사고방식이 몸에 배도록 하는 것이 중요합니다."

"저, 정말 궁금해서 그런데요. 자신의 일상은 어떻게 이야기하는 거죠? 눈에 보이는 것들은 어떤 식으로 묘사하는 거예요?"

"제 경험을 이야기해 볼게요. 저는 우선, '나는 요즘 7시에 일어난다'를 영어로 바꿔서 'I wake up at 7 these days.'라고 혼잣말을 했어요. 그 다음에는 '일어난 뒤 밥을 먹고 신문을 읽는다'를 말하고 싶은데, '일어난 뒤'에 해당하는 영어 표현이 생각나질 않는 거예요. 그래서 그냥 'after I eat breakfast and read newspaper.'라고 했어요. 이어서 '마당에 나가 개들과 산책을 한다'라는 말을 하려고 했죠. 그런데 'And I go out'까지 하니까 '마당'이라는 단어가 떠오르지 않는 거예요. 그래서 그냥 'And I go out 마당 and take a walk with my dogs.'라고 연습했어요."

"어머, 그렇게 한국어랑 영어를 섞어가며 말해도 되나요?"

천상주부가 눈을 동그랗게 뜨고 물었다.

"상관없습니다. 이건 영어로 말하기를 하며 '노는' 것이지, 영어 시험을 보는 것이 아니에요. 앞서 말씀드렸듯이 틀려도 뭐라

할 사람도 없고 창피할 것도 없습니다. 나만 듣고 있는 것이니까요."

키맨은 자신도 혼잣말 연습을 할 때 '이런 말은 영어로 어떻게 표현하지?'라는 의문도 많이 생겼고, 쉬운 말인데도 영어로 하자니 생각나지 않는 것들이 많았다고 했다.

"그럴 땐 어떻게 하죠?"

"하하! 뭘 어떡합니까? 계속해서 시도하는 거죠. 완벽한 문장만을 말하려면 여러분과 같은 왕초보들이 입밖에 낼 수 있는 문장이 얼마나 될까요? 맞는 게 중요한 게 아니라 틀려도 일단 해보는 것이 중요합니다. 저도 쉽게 떠오르지 않거나 잘 몰랐던 표현들은 필요성을 느끼고 다시 찾아봤더니 그 이후로는 머릿속에 콕 박히더군요. 여러분들도 그렇게 될 겁니다."

"혼잣말도 하다가 모르면 쌤한테 물어봐도 되나요?"

"그럼요. 제가 일하느라 바로 답을 못할 수도 있으니, 연습할 때 녹음해 두었다가 보내주셔도 됩니다."

키맨은 자신이 혼자 영어를 공부할 당시, 잘못된 표현들을 올바르게 잡아주는 이가 없어 애를 먹었던 이야기를 꺼냈다.

"그런데 혼자 끙끙거리며 알아가던 그 과정이 이제는 추억으로 남았어요. 그렇게 어렵게 얻은 것들이라 그런지 온전히 제 것이 된 것 같아요."

하지만 키맨은 누군가의 도움을 구하기 전에 반드시 스스로 해보려는 노력이 우선되어야 함을 강조했다.

"자신의 일상이나 눈에 보이는 것들을 묘사하다 보니 주어는 대부분 'I'가 되죠. 어느 정도 이런 훈련에 익숙해지면 나중에는 주어를 He, She 등의 3인칭 단수로 바꿔서 연습하는 것도 좋아요. 이때는 동사에 's' 또는 'es'가 붙는 것만 기억하시고요."

또한 외국인 친구가 항상 따라다닌다고 상상하고, 그에게 상황이나 장면을 설명하는 것처럼 말해보는 것도 좋은 연습이 된다고 덧붙였다.

영어로 혼잣말을 하는 네 가지 방법을 자세히 설명한 키맨은 자신과 가장 잘 맞는 방법을 최대한 활용하라고 말했다.

"그럼 혼잣말 연습은 언제 하면 가장 좋을까요? 잠들기 전? 아니면 시간을 정해서 규칙적으로?"

"혼잣말이니까 시간이나 장소 상관없이 편할 때 하면 됩니다. 산책을 하거나 쇼핑, 심지어 설거지할 때도 좋습니다. 단, 몰아서 하지 말고 짬이 날 때마다 자주 해야 합니다."

키맨은 주위에 사람이 많아서 소리내기 어렵다면 머릿속으로 연습해도 된다고 했다. 이때 실제 소리를 크게 내지 않더라도 크게 내듯 입과 호흡을 사용하는 것이 도움이 된다고 강조했다.

"혼잣말을 하기 가장 좋은 때는 자투리 시간입니다. 즉 길을 걸으면서, 버스나 지하철을 기다릴 때, 엘리베이터와 신호등을 기다릴 때, 친구를 기다리고 있을 때 등 자투리 시간을 잘 이용해 보세요. 그때그때 보이는 것들, 생각하는 것들을 말하면 됩니다. 저는 길을 걷다가 지나가는 차들의 번호판에 적힌 숫자들을 가지고 덧셈, 뺄셈을 하면서 혼잣말을 하기도 했어요. 해보면 꽤 재미있답니다."

"밥을 먹으면서는 못하겠죠?"

무늬만 영어가 멋쩍게 웃었다.

"왜 못해요? 물론 입에 음식물이 있으니까 이때는 머릿속으로 생각하면 됩니다. '오늘 반찬은 좀 짜군', '날이 더워지니 시원한 냉면이 생각나는데' 이런 식으로 말이죠."

영한이 생각해 보니 밥 먹을 동안뿐만 아니라 화장실에서 씻을 때나 볼일을 볼 때도 얼마든지 가능한 방법이었다.

"이렇게 자투리 시간만 잘 활용해도 하루에 30분 이상 혼잣말 연습이 가능합니다. 물론 장소와 시간, 주제를 확실히 정해두고 연습하는 것이 가장 좋은 방법입니다. 손짓도 해가면서 열심히 연기를 하는 거죠. 바쁜 일상 중 쉽지는 않겠지만 습관만 된다면 효과는 엄청날 겁니다."

"혼잣말을 하다가 단어가 생각나지 않으면 어떡하죠? 말을 하다가 자꾸 단어가 막히면 흥미가 사라질 것 같은데…."

"혼잣말하기, 이렇게 해보세요!"

방법 1. 일상, 사물, 생각을 영어로 표현하기

혼잣말하기에 좋은 문장들을 '일부러' 틀리게 적어 놓았어요. 올바르게 고치는 것은 여러분의 몫으로 남겨둘게요.

〈일상〉
- 점심이 되면 밥을 먹고 낮잠을 잔다.
  At noon, I eat lunch and 낮잠…? 사전에서 nap이 나오니까 nap!!
- 낮에는 컴퓨터를 하고 가끔 책을 읽는다. 컴퓨터 하는 것도 do를 쓰나?
  I do… computer and read a book.
- 그리고 산책을 하고 영어 말하기를 하며 집에 온다.
  I take a walk and speak English and come.

〈묘사〉
- 저건 이번에 새로 나온 차이다.
  That is a…새로 나온? 음… 그냥 new car!
- 저 남자는 키가 크고 머리가 길다.
  He is tall and have? long hair!
- 옆에 멋있는 여자들이 지나간다. 멋있는?
  Good girls are walking 옆에? next?

〈생각거리, 고민거리〉
- 나는 왜 태어났을까?
  Why I… 태어나다…? was born?
- 나는 일주일에 한두 번 한의원에 간다.
  I go to 한의원? one… 한두 번은 뭐지? 일주일에… a week?

방법 2. 책을 읽고 내용을 영어로 요약하여 말하기

영어책을 읽고 리텔링(내용에 대해 말하기)을 하면 책 속 표현들을 사용해 볼 수 있어 좋습니다. 우리말로 된 책을 읽고 영어로 말해보는 것도 좋아요.

ex) 옛날 옛적에 신데렐라가 살았습니다. 신데렐라는 아주 튼튼했습니다. 그래서 많은 남자들이 무서워했습니다. 어떤 남자들이 신데렐라를 다른 나라로 보내려고 했지만, 아무도 성공하지 못했습니다.

Once upon a time… There lived Cinderella. She was very strong. So many guys were afraid of her. Some guys tried to send her another country, nobody could do it. 음 또 내용이 뭐였더라?

방법 3. Topic Book으로 연습하기

Topic book은 영어 말하기 주제들이 정리되어 있는 책입니다. 서점에서 쉽게 구할 수 있으니 관심있는 주제와 실력에 맞게 선택하면 됩니다. 저는 외출할 때마다 2장씩 복사해서 지하철을 기다릴 때, 또는 걸으면서 수시로 말하기 연습을 했어요.

ex)
Q. Do you always appreciate the people around you?
A. Um, maybe I think I am trying to appreciate the people around me… yes. But sometimes I forget to do it. Because I am very shy… it is hard to say it.

방법 4. TV, 라디오, 광고지에 나오는 문장을 영어로 바꿔 보기

복잡해 보이는 문장은 일단 어순만이라도 영어식으로 바꿔 보세요!

빨간 구두가 물었다.

"You must try things that may not work. 안될 것 같아도 그만큼 영어가 절박하다면 자꾸 하게 되겠죠?"

키맨의 말에 영한은 자기도 모르게 고개를 끄덕였다. 절실하다면 못할 것이 없었다.

"왕초보 단계에서는 혼잣말을 하다가 '어라? 이 단어가 영어로 뭐더라?'라고 생각하는 단계를 경험해야 합니다. 스스로 필요성을 느끼고 찾아본 단어는 쉽게 잊어버리지 않습니다."

"혼잣말로 연습하고, 찾아보고, 그러다 보면 어느새 말문이 트인다는 거군요?"

천상주부의 말에 키맨은 엄지손가락을 들어 보였다.

"영어를 잘해야겠다고 마음먹었다면 다른 방법은 없습니다. 지금 내가 생각하는 것들, 보고 듣는 모든 것들을 계속해서 영어로 표현하려고 시도해야 합니다. 즉 나를 둘러싼 모든 것들을 끊임없이 영어로 표현한다, 이겁니다! 아시겠죠?"

"네!"

모두 눈을 반짝이며 힘차게 대답했다.

Shall we dance?

"자, 이제 본격적인 수업에 들어가 볼까요?"

"넵!"

"한국어를 영어로 바꿀 때 어렵고 헷갈리는 것 중의 하나가 바로 a, an, the 같은 것들입니다. 흔히 관사라고 하죠."

"어휴, 봐도 봐도 헷갈리는 관사가 나왔구나!"

개츠비가 골치 아프다는 듯 뒷목을 잡으며 말했다. 개츠비뿐만 아니라 모두 비슷한 눈치였다.

"관사가 어려운 이유는 한국어에는 없는 부분이기 때문이에요."

"그럴 땐 '어떤, 하나=a(an)', '그=the'로 외우면 되죠?"

모르면 무조건 외워왔다는 무늬만 영어가 말했다.

"안 됩니다. 한국어에 없는 것을 한국어로 바꿔서 외우려고 하지 마세요."

"네? 그럼 어떻게 구분하죠?"

"예문으로 설명하는 게 가장 좋겠네요. 물론 예문 몇 가지로 설명이 완전히 되는 것은 아니니 꼭 영어를 접하면서 어떤 식으로 쓰이는지 꾸준히 경험해야 합니다."

키맨은 칠판에 빠른 속도로 예문을 써내려갔다.

1) 나는 오늘 한 남자를 봤어요.
   I saw a man today.
2) 그 남자는 한 여자를 만났어요.
   The man met a woman.
3) 그 남자가 그 여자에게 사탕을 줬어요.
   The man gave the woman a candy.
4) 그 사탕은 매우 컸어요.
   The candy was very big.

"단순히 '어떤, 하나=a(an)', '그=the'로 생각하면 안 됩니다. 어떤 상황에서 쓰인 건지를 이해해야 돼요. 제가 여러분에게 실제로 말을 하고 있다고 생각해 보세요. '제가 오늘 한 남자를 봤는데요'라고 말할 때 여러분은 제가 본 남자가 어떤 남자인지 모르죠? 그는 단지 '세상의 여러 남자들 중 한 남자'가 되는 것이죠. 그래서 'a man'이 됩니다."

찬찬히 생각하며 들으니 영한은 키맨의 말을 쉽게 이해할 수 있었다.

"다음으로 제가 계속 여러분에게 이야기를 합니다. '그 남자가 한 여자를 만났어요'라고 말이죠. 이때 '그 남자'는 더 이상 아무 남자가 아니라 제가 좀 전에 말한 그 남자입니다. 그래서 '바로 그'의 느낌을 주기 위해 여기서부터는 'the man'이 됩니다."

키맨은 알아듣겠냐는 듯 사람들을 둘러보았다.

"그런데 새로 등장한 '한 여자'는 제가 처음 언급하고 있죠? 아까와 마찬가지로 여러분은 '한 여자'가 어떤 여자인지 모릅니다. 그래서 'a woman'을 쓰는 거예요."

"아하! 이제 조금씩 감이 오네요."

샤론이 고개를 끄덕이며 환하게 웃었다. 키맨도 빙긋이 웃으며 설명을 이어갔다.

"이어서 '그 남자가 그 여자에게 사탕을 주더라고요'라고 말할 때는 어떨까요? 이번에는 남자와 여자 모두 제가 이미 한 번 이상 말했기 때문에 어떤 남자, 어떤 여자인지 여러분이 인식하고 있습니다. 즉 '그 남자', '그 여자'이기 때문에 'the man, the woman'을 쓰게 된답니다."

키맨은 다들 고개를 끄덕이는 것을 확인하자 설명을 이어갔다.

"그리고 이 두 사람 사이에 새로 등장한 '사탕'이 있습니다. 우리말에선 특별히 필요하지 않으면 숫자를 일일이 세지 않습니다. 그런데 영어에서는 숫자를 셉니다. 셀 수 있는 것은 꼭 세죠. 그리고 어떤 사탕인지 나타내지 않으면 듣기에 불편하다고 여깁니다. 따라서 예문 3)에선 특정한 사탕이 아니라 '그냥 사탕'의 뜻을 나타내기 위해 'a candy'라고 표현합니다. 그런데 예문 4)에선 '그 사탕' 즉 'the candy'로 쓰입니다. 제가 이미 앞에서 언급한 사탕이기 때문이죠. 그 남자가 그 여자에게 준 '바로 그' 사탕이라는 사실을 여러분은 알고 있습니다. 그래서 'the candy'를 쓰는 겁니다."

"오! 이렇게 설명을 들으니 간단하게 이해가 되는군요."

빨간 구두는 평소 어려워하던 것을 명쾌하게 정리한 것 같다며 좋아했다.

"제가 설명한 것은 그냥 참고만 하세요. 정말 중요한 것은 여러분이 앞으로 영어 문장을 많이 접하면서 어떤 경우에 어떤 것을 써야 하는지 자연스럽게 느끼는 거예요."

설명을 마친 키맨은 멤버들에게 다시 질문을 하나 던졌다.

"지난 시간에 제가 '주어+동사'의 기본 문장에 동사를 더 데려 오기 위해 필요한 다리가 뭐라고 했죠?"

"그, 그게….'

"아, to요!"

"맞다!"

빨간 구두가 노트를 뒤적여 겨우 답을 찾아내자 모두 그제야 생각난 듯 고개를 끄덕였다.

"그럼 기본 문장에 '명사'를 데려오기 위해 필요한 다리는?"

"전치사요!"

이번에는 무늬만 영어가 자신 있게 대답했다.

"네, 잘하셨어요. 그런데 규칙을 외우기보단 항상 예문을 입으로 소리 내어 말하다 보면 저절로 알게 됩니다. 제가 지금 드리는 숙제 종이에는 '우리 ~하자'라는 기본 문장과 함께 동사가 to와 연결된 문장들이 적혀 있습니다."

먹으러 가자.
Let's go to eat.

공부하게 자지 말자.
Let's not sleep to study.

성장하도록 꿈꾸자.
Let's dream to grow.

운동이 되도록 걷자.
Let's walk to exercise.

힘을 아끼도록 뛰지 말자.
Let's not run to save our energy.

영어 배우기를 멈추지 말자.
Let's not stop to learn English.

그거 하게 계획을 세우자.
Let's plan to do it.

"첫 번째 문장에서 to는 어떤 방향, 즉 화살표의 느낌이에요. 그래서 'Let's go to eat'하면 '가자, 먹게' 정도가 됩니다. 자꾸 우리말로 완전히 바꾸려 하지 말고 영어 어순 자체로 받아들이세요."

키맨은 완벽하고 세련된 번역은 번역가에게 맡기라며 호탕하게 웃었다. 그러고는 사람들에게 돌아가며 예문으로 상황극을 하라고 주문했다.

상황극이 어느 정도 마무리 되어가자 키맨은 다시 질문을 던지며 모두의 관심을 집중시켰다.

"'우리 내일 어디서 먹을까?' 이 문장을 영어로 어떻게 말하죠?"

"We, tomorrow, where…."

간단한 문장임에도 모두 아는 단어만 대충 끼워 맞출 뿐 분명하게 대답하지 못했다.

"우선 주어와 동사만 잡아볼까요?"

"우리 먹을까? we, eat?"

개츠비가 대답을 하면서도 고개를 갸우뚱했다.

"네, '우리 먹을까?' 맞아요. 그런데 we eat은 아닌 것 같죠?"

"헤헤, 그러게요."

개츠비는 멋쩍은 듯 머리를 긁적였다.

"음, 그럼 이렇게 물어볼게요. '우리 춤출까?'는 영어로 어떻게 말하죠?"

"그건 알아요! Shall we dance?"

천상주부가 큰소리로 대답했다.

"하하! 다들 아는 문장이죠? 영화 제목으로 워낙 유명한 문장이라 귀에 익숙할 거예요."

"맞아요."

"음, 이게 바로 그동안 우리가 영어를 잘못 학습해 왔음을 보여주는 좋은 예에요. 우리는 지금까지 '우리 춤출까?'는 'Shall we dance?'라고 일대일로 외우기만 했지, '우리 갈까?'나 '우리 공부할까?'라는 식으로 동사를 바꿔서 응용해보질 않았거든요."

키맨의 말에 모두 고개를 끄덕였다.

"거기에 어순 훈련을 적용하면 의문사는 맨 앞에 오니까

where로 시작합니다. 어디로 가는지 그게 제일 궁금한 거니까요."

"그래서 의문사가 제일 앞에 오는 거군요!"

"따라서 '우리 내일 어디서 먹을까?'는 'where shall we eat tomorrow?'가 되는 거죠."

"아하!"

"Shall we로 시작하는 문장은 대답도 간단해요. 'Shall we go?'에 대한 답은 'Yes, let's go'라거나 'No, let's not go'라고 하면 되죠. 하지만 이렇게 간단한데도 대부분 소리 내어 연습하지 않아요. 그래서 '우리 내일 어디서 먹을까?'와 같은 간단한 말도 영어로 바로 안 나오는 거예요."

키맨은 다시 새로운 예문으로 상황극을 하되 이번에는 대답까지 함께 하라고 주문했다.

우리 먹지 말까?	Shall not we eat?
우리 해볼까?	Shall we do?
우리 계획하지 말까?	Shall not we plan?
우리 운동할까?	Shall we exercise?
우리 걸을까?	Shall we walk?
우리 연습하지 말까?	Shall not we practice?

다섯 가지 규칙을 잡아라

마침내 두 시간의 수업이 끝나자 영한은 아쉽기만 했다. 수업을 마치고 집으로 돌아오는 길에 영한은 때와 장소를 가리지 말고 혼잣말 연습을 통해 영어와 친해지라던 키맨의 조언을 떠올렸다.

영한은 옆에 외국인 친구가 있다고 상상했다. 그러자 어쩐 일인지 자꾸 제시카의 얼굴이 떠올랐다. 말 한마디 건네지 못했던 것이 생각나 고개를 내저었지만, 이내 제시카의 환하게 웃는 얼굴이 영한의 마음을 두드렸다.

"뭐 어때? 그냥 상상인데. 그리고 혹시 알아? 이렇게 열심히 하다 보면 언젠가 내가 제시카랑 자유자재로 말하게 되는 그날이 올지!"

영한은 제시카와 친구가 되어 함께 길을 걷는 모습을 상상하며 입을 열었다.

"Shall we walk?"

"Yes, let's walk."

귓가에 그녀의 부드러운 음성이 들리는 듯했다. 영한은 집으로 향하는 내내 종이에 적힌 말들을 연습하고 또 연습했다.

오늘 퇴근 후에 같이 연습할래? 개츠비도 나오기로 했어.

다음 날, 퇴근할 시간이 가까워오자 빨간 구두에게서 문자가 왔다. 지난번처럼 주거니 받거니 함께 연습하자는 것이다. 영한은 별다른 약속이 없었기에 흔쾌히 그러자고 했다. 게다가 이번 주 숙제가 그동안 배운 모든 예문을 골고루 섞어서 상황극을 하는 것이라 연습 상대가 있으면 더욱 효과적일 것 같았다.

"영한 씨, 여기예요."

개츠비가 카페로 들어서는 영한에게 손을 번쩍 들어 반가움을 표현했다.

"Shall we do?"

간단히 인사한 뒤 빨간 구두가 먼저 영어로 말을 건넸다.

"Yes, let's practice."

짧은 문장이긴 했지만 세 사람은 최대한 영어로 대화를 이어가려 노력했다. 더 이상 대화를 이어가기 힘든 상황에 놓이면 슬쩍 화제를 바꾸기도 했다. 며칠 동안 계속 혼잣말을 하고 다닌 덕분인지 영한은 영어로 대화하는 것이 예전보다 훨씬 자연스럽게 느껴졌다.

카페에서 3시간 가까이 연습한 뒤 세 사람은 슬슬 집으로 돌아갈 차비를 했다. 그때 빨간 구두가 다시 입을 열었다.

"Okay. You, buy me a bread."

빨간 구두가 장난기 가득한 표정을 지으며 웃어보였다. 영한은 순간 지갑이 가벼워지는 것은 아닌지 살짝 걱정했지만, 실제로 빵집에서 행동하며 연습하는 것도 나쁘지 않을 듯했다. 개츠비 역시 좋은 아이디어인 것 같다며 앞장서서 걸었다.

* 집에 가다가 빵집에 들렀다고 생각하고 소리 내어 연습해 보세요.

A : 우리 빵집에 가자. 나 그 빵 사줘.
Let's go to the bakery. Buy me the bread.

B : 그래. 너는 나 물 사줘.
Okay. You, buy me water.

A : 물 마시지 말자. 우유 마시자. 이 빵 먹자. 저건 사지 마.
Let's not drink water. Let's drink milk. Let's eat this bread. Don't buy that.

B : 여기서 먹지 말자. 저기서 먹자. 그 빵은 저기다 둬.
Let's not eat here. Let's eat there. Put the bread there.

A : 그래 저기 앉자. 내 우유 마셔. 그리고 그 빵은 나 줘.
Okay. Let's sit there. Drink my milk. And Give me the bread.

"웬 빵이야?"

집으로 돌아온 영한이 빵이 잔뜩 담긴 봉지를 내밀자 나한이 물었다.

"Eat."

"응?"

"Eat. This is for you."

"오! 아니 근데 키맨이 이제 영어로만 이야기하래? 형이 아직 그 실력은 안 될 텐데."

"닥치고 그냥 드시기나 하세요."

"이거 봐. 내 말 맞구만."

영한은 나한을 살짝 째려보고 방으로 들어온 뒤 침대에 무너지듯 몸을 던졌다. 퇴근 후 늦게까지 연습했더니 온몸의 진이 다 빠져나간 듯했다.

"Don't sleep, don't sleep…."

잠들지 말라고 스스로에게 주문을 걸었지만 영한은 어느새 코를 골고 있었다. 무척이나 피곤한, 그러나 어느 때보다 뿌듯한 하루였기에 잠든 그의 입가엔 부드러운 미소가 번졌다.

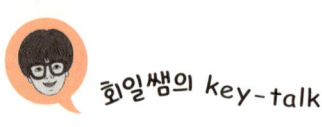 희일쌤의 key-talk

전치사, 이렇게 익혀 보세요!

영어에서 전치사만큼 헷갈리는 게 또 없죠? 전치사는 우리말에는 없는 개념이라 그렇답니다. 따라서 명확한 한국어 설명을 바라기보다는, 설명은 단지 '도우미'로 삼고 여러분 스스로 영어를 접하며 뉘앙스를 잡아내야 합니다. 그럼 지금부터 차이점이 확연히 드러나거나, 비슷하지만 자세히 보면 다른 점이 보이는 전치사를 알아볼까요?

on / off
on은 붙는 것, 반대로 off는 떨어지는 것을 나타냅니다.
ex) get on/off the bus 붙다/떨어지다 버스에 → 타다/내리다 버스에
　　turn on/off the light 스위치가 붙다/떨어지다 → 스위치를 켜다/끄다

by / with
by는 무엇을 의존하고 영향받는 이미지, with는 '같이 하는'의 이미지입니다.

전치사의 의미를 무조건 외우지 말고,
예문을 통해 뉘앙스를 기억하세요!
입으로 소리 내어 익히는 것도 잊지 마시구요!

ex) I came here by a car 나는 왔어 여기 / 차로
I came here with a car 나는 왔어 여기 / 차 한 대와 같이
(차 한 대를 가져왔어)

in / out
어떤 영역의 '안'이면 in, '바깥'이면 out입니다. in과 out은 쉽게 구분이 되는데 오히려 in과 at을 두고 헷갈릴 때가 많을 거예요. in the place면 그 공간 '안'을 언급하는 이미지, at the place면 A place, B place, the place 중 the place를 강조하며 가리키는 이미지입니다.

of
우리말로는 '~의'라고 단순하게 외우곤 하는데요, 'A of B'의 뜻은 'A가 있는데, 그것의 본체/본질은 B'라고 이해하는 것이 좋습니다.
ex) the car of mine 차인데, 내 차(내게 속한)
She is afraid of dog 그녀는 두려워하는 상태인데 '개를'
We are full of energy 우리는 꽉 찼는데 에너지로!

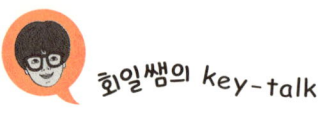 희일쌤의 key-talk

영어와 친해지고 싶다고요?

영어도 미쳐야 미친다!
'불광불급(不狂不及)'이라는 말 들어보셨나요? 미친 듯이 몰두하지 않으면 어떤 경지에 이르지 못한다는 뜻이죠. 영어도 그렇습니다. 영어와 친해지기 위해서는 언제나 영어로 말하려고 노력해야 합니다. 남들이 볼 때, 아니 스스로 느끼기에도 영어에 미쳤다고 생각될 정도로 말이죠. 특히 왕초보에서 벗어날 때까지는 이런 몰입 기간이 반드시 필요합니다.

　영어 공부를 한다는 것을 주위에도 알리고 양해를 구해 보세요. 상대가 알아듣건 못 알아듣건 자꾸 영어로 말하다 보면 재미도 생기고 연습도 되거든요. 동기를 부여하는 요소를 충분히 찾아보고, '영어로 말하자' 식의 문구를 집안 곳곳이나 소지품에 붙여 보는 것도 좋은 방법이에요.

영어와 친해지는 습관을 만들자!
영어 말하기 실력이 중급이 될 때까지 반드시 습관으로 만들어야 할 것

영어와 친해지고 싶다면
시도 때도 없이 소리 내어 말해 보세요!

이 있습니다. 다음 세 가지를 습관으로 굳혀 보세요.

- 한국어를 들으면 영어로 통역해보기!
- 영어를 들으면 곧장 따라 말하기!
- 이해했다면 한 단계 나아가 응용해보기!

문장으로 답하는 연습을 하자!

정말 중요한 부분으로, 대다수의 영어 학습자들이 하지 않는 방법입니다. 대개 우리는 영어로 말을 할 때 완성된 문장이 아닌 단답식으로 표현하죠.

예를 들어 "Have you studied English?"라고 질문하면 "Yes/No"라고 답하고 끝나는 경우가 많아요. 하지만 "No, I haven't studied English"처럼 완전한 문장으로 대답하도록 연습해야 합니다. 쉬운 문장이지만 그나마도 소리를 내본 적이 없기 때문에, 영어로 말할 기회가 주어져도 겨우 Yes나 No로 답하는 겁니다.

이렇게 말하면 "실제 대화할 때 저런 식으로 길게 말하지 않잖아요?"라고 질문하는 분들이 있어요. 네, 맞아요. 하지만 지금 우리는 연습하는 단계입니다. 소리 내어 말해본 경험이 너무 적으니 이제부터라도 최대한 많은 말을 직접 해보자는 겁니다. 그래야 나중에 긴 문장도 자유롭게 영어로 표현할 수 있습니다.

PART 4

원시인이 되라고?!

영어, 소리의 차이부터 이해하라

"시간이 정말 빨리 가죠? 여러분과 벌써 다섯 번째 수업을 하는군요! 하하."

키맨의 호탕한 웃음과 함께 다섯 번째 수업이 시작됐다. 늘 그렇듯이 지난 시간에 내준 숙제 점검부터 이루어졌다. 수업 초기와 달리 모두가 감정을 담아 연기하듯이 연습하니, 숙제 점검이라기보다는 마치 자신의 이야기를 하는 듯 흥미로워했다. 더듬거리거나 틀리는 사람도 있었지만, 초반보다 훨씬 향상된 실력이 느껴져 키맨도 만족스런 미소를 보였다.

"자, 오늘은 지금까지 배웠던 명령어와 let's, 동사, to+동사 등이 모두 섞인 예문으로 훈련할 거예요. 혼잣말을 해도 되고 짝을 지어 상황극을 해도 좋으니 30분 동안 자신에게 가장 잘 맞는 방법으로 연습해 보세요."

여기서 달려.
Run here.

걔한테 이거 주지 말자.
Let's not give him this.

내가 영어 연습하도록 도와줘.
Help me to practice English.

술 마시려고 걔를 만나지 마.
Don't meet him to drink.

저거 사지 말자.
Let's not buy that.

그거 먹으려고 여기 있지 마.
Don't stay here to eat it.

거기 가려고 하지 마.
Don't try to go there.

걔들한테 강요하지 말자.
Let's not push them.

20분 동안 혼잣말로 연기하던 영한은 어느 정도 자신감이 붙자 빨간 구두를 슬쩍 쳐다보았다. 빨간 구두는 앞에 누군가가 있는 것처럼 미소를 짓기도 하고, 화난 표정을 띄기도 하며 영어로 말을 이어갔다. 그 모습이 얼마나 재밌던지 영한은 그만 웃음을 터뜨렸다.

"풉!!"

"Don't laugh at me."

"제법인데?"

"오늘을 위해 준비했지! 호호"

빨간 구두가 영한을 향해 상큼한 윙크를 날려 보냈다.

약속했던 30분이 지나자 키맨은 시계 방향으로 돌아가며 점검했다. 30분 동안 집중해 연습한 덕분인지 모두 막힘없이 해냈고, 표정과 목소리에도 제법 감정이 묻어났다.

"저, 그런데 정말 이렇게만 훈련해도 될까요? 문법은 그렇다 쳐도 발음은 더 신경써야 할 것 같은데."

천상주부가 조심스럽게 물었다. 몇 달 후면 남편을 따라 미국으로 가야 하니 발음이 계속 신경쓰이는 모양이었다. 더군다나 자신이 혼잣말로 연습하는 것을 들은 남편이 그런 발음으로 미국에 가서 어떡하겠느냐며 걱정했다는 것이다.

"사실은 저도 천상주부 님처럼 그게 걱정이긴 했어요. 유창한 발음보다는 말문을 제대로 트는 것이 우선이라고 하셨지만, 그래도 발음이 정확하지 않으면 외국인들은 못 알아들을 텐데…."

빨간 구두는 얼마 전 자신이 일하는 고객센터에 외국인이 찾아왔는데, 어설픈 발음 때문에 자신 있게 말을 걸지 못하고 뒤로 슬쩍 물러났다는 얘기를 털어놓았다.

"발음! 다들 여전히 발음을 걱정하시는 것 같으니 다시 한 번 얘기해 볼까요? 외국어를 할 때 발음은 아주 중요하죠. 하지만 지난번에도 말씀드렸듯이 꼭 원어민의 발음과 100% 같아지려고 노력할 필요는 없습니다. 어순과 뉘앙스가 분명하면 그들이 알아들으니까요."

"그렇지만 발음이 유창한 사람을 보면 그렇지 않은 사람보다 영어를 더 잘하는 것처럼 느껴지더라고요."

샤론은 발음이 좋으면 자신감이 생겨 영어를 더 자주 말하게 되지 않겠느냐며 발음도 함께 훈련했으면 좋겠다고 했다.

"샤론 님 말씀처럼 좋은 발음은 외국어를 구사할 때 자신감과 흥미를 불러옵니다. 사실 정말 안타깝게도 대부분의 한국인은 영어 발음을 '한국어'로 배워왔습니다. 한국어 '보이'를 읽으나 영어 'boy'를 읽으나 똑같은 소리를 내는 거죠."

"그렇게 하면 안 되는 건가?"

영한이 저도 모르게 혼잣말을 내뱉었다. 그런데 소리가 제법 컸던지 키맨이 영한을 바라보며 씽긋 웃었다.

"그러게요. 그렇게 하면 뭐가 문제일까요? 일단은 한국어와 영어 사이에 똑같은 발음이 하나도 없다는 점을 알아야 합니다. 그럼에도 우리는 영어를 한국어 발음으로 바꾼 후 그렇게 발음합니다. '아이 엠 어 보이'처럼 말이죠."

"어머, 맞아요! 저 학교 다닐 때 정말 그렇게 배웠어요."

천상주부가 고개를 끄덕였다.

"영어 발음을 다루는 책들은 대부분 개별 발음에 대한 설명만을 다루고 있어요. 우리말 'ㅍ'과 영어 'p/f'의 차이점, 우리말 'ㅂ'과 영어 'b/v'의 차이점 같은 것들만 말이죠. 하지만 제대로 된 발음을 익힐 때 이런 것들은 부차적인 문제입니다. 영어와 한국어는 발성부터 다르기 때문입니다."

키맨은 영어 특유의 느끼하고 굴러가는 듯한 느낌은 'R' 발음 때문이 아니라 발성의 차이에서 오는 '공명'의 차이가 원인이라고 지적했다.

"공명의 차이요?"

"네. 영어권 사람들은 기본적으로 복식호흡을 통해 말하기 때문에 소리의 울림이 좋습니다. 그에 비해 대부분의 한국인은 흉식호흡으로 말을 해서 소리의 울림이 좋지 않아요. 그래서 깊은 호흡이 필요한 영어의 리듬감을 살리지 못하죠."

"그렇다면 한국인이라도 복식호흡 발성이 잘되면 영어 발음을 원어민처럼 할 수 있다는 의미인가요?"

무늬만 영어가 진지한 표정으로 물었다.

"지금껏 우리들은 영어 발음에 대해서만 배워왔지만, 사실은 영어 '소리'를 배워야 합니다. 발성은 소리를 만드는 작업이고, 발음은 혀와 입으로 약속된 소리 부호를 만드는 작업이니 소리가 더 큰 개념이죠. 그런 이유로 복식 발성을 많이 연습했거나 목욕탕에서처럼 울리는 목소리를 가진 분들은 좀 더 원어민에 가까운 소리를 내기 쉽다고 봐도 됩니다."

키맨은 소리를 내는 원리에 대해 통기타를 예로 들며 설명했다.

"줄에서 발생된 소리를 통기타의 통에서 '공명'시켜야 우리가 듣는 기타 소리가 되는데요, 사람에게도 기타의 통에 해당하는 부위가 있습니다. 어딜까요?"

"목 아닌가요?"

개츠비가 대답했다. 그리고는 목을 울려 '아'하고 소리를 내보였다.

"목, 그러니까 성대는 소리를 발생시키지만 공명시키지는 않습니다. 사람의 몸에서 소리를 공명시키는 곳은 얼굴이에요. 더 정확히는 입안의 구강, 그리고 코 주위의 비강, 그리고 머리 안에 있는 두강입니다. 물론 가슴에서도 공명이 되고요."

키맨은 두 장의 그림을 보여주며 흉식 발성과 복식 발성의 차이를 설명했다. 보통 사람도 훈련을 통해 복식호흡을 익힐 수 있으며, 이를 통해 원어민에 보다 가까운 발음을 할 수 있다고 했다.

"복식호흡의 연습법을 알려드릴게요. 그리 어렵지 않습니다. 하! 하! 하! 크게 웃어보시면 가슴 중간에서 뭔가 튕겨지는 게 느껴지실 거예요. 기침을 하거나 기합을 넣어도 느낄 수 있습니다.

흉식호흡과 복식호흡, 이렇게 달라요!

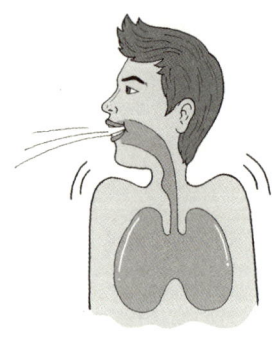

흉식호흡
어깨를 들어올리고 폐를 확장하며 호흡한다. 호흡이 얕아서 발성이 약하고 소리도 짧다.

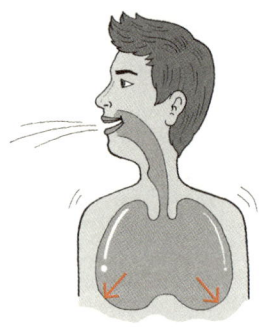

복식호흡
어깨를 들어올리지 않고 횡격막을 아래로 내려 호흡한다. 폐의 하단부까지 공기가 가득차게 되어 깊고 힘있는 소리를 낼 수 있다.

이게 바로 횡격막인데, 실제로 웃거나 우는 소리를 낼 때 횡격막이 사용됩니다."

키맨의 말이 끝나기도 전에 강의실 여기저기서 웃음소리와 기합 소리, 기침 소리가 들렸다.

"그 횡격막을 더욱 아래로 내려서 호흡을 깊게 하는 것이 복식호흡입니다. 몸속에 있으니 직접 만질 수는 없고, 이미지 트레이닝으로 연습해야 합니다."

"이미지 트레이닝요?"

"네. 배꼽 아래 코가 있다고 상상하고…."

"픔! 배꼽 아래 코가 있대."

"배꼽 아래 코가 있고 그곳으로 호흡이 들어간다고 상상해 보세요. 그리고 배 안에 풍선이 들어있는데, 그 풍선에 바람이 차면서 점점 부풀어 오른다고 생각하세요. 이런 식으로 호흡을 자꾸 깊게 하려고 노력하다 보면 실제로도 점점 깊어질 수 있어요."

키맨은 이어서 두 가지 연습을 제안했다.

"자, 먼저 호흡을 최대한 오래 끌어보는 연습입니다. 숨을 깊게 들이마신 뒤 잠시 멈춥니다. 그리고 '스~' 소리를 내면서 호흡을 최대한 오랫동안 내뱉습니다."

키맨의 설명이 채 끝나기도 전에 모두 '스~' 소리를 내기 시작했다.

"이것은 호흡이 깊어지면서 횡격막이 버틸 수 있는 힘을 길러주는 훈련입니다."

"어유, 생각보다 힘드네요."

"그러게요."

"처음에는 대부분 15~20초 정도 버틸 수 있을 거예요. 이것을 꾸준히 연습해서 최소 30초는 버틸 수 있도록 만드세요. 계속 연습하면 1분 이상도 가능합니다."

키맨은 5분의 시간을 주면서 모두에게 '스~'를 길게 내뱉는 연습을 해보라고 했다.

"자, 이제 5분이 지났습니다. 이건 집에 가서 계속 연습하시고요, 또 하나의 호흡법을 알려드릴게요. 복식호흡을 위한 두 번째 연습법은 '세게 내뱉기'입니다. 숨을 단숨에, 그리고 깊게 들이마신 뒤 순간적으로 '스!'하며 세게 내뱉는 겁니다."

이번에도 키맨의 말이 끝나기 무섭게 모두 직접 해보기 시작했다.

"하하! 그 정도로는 어림없어요. 침이 마구 튈 정도로, 얼굴이 빨개질 정도로 세게 해야 됩니다. 이 훈련은 횡격막이 수축하는 힘을 길러줍니다. 그래야 호흡을 세게 내보내면서 힘있는 소리를 낼 수 있으니까요."

"이 두 가지를 얼마나 자주 연습해야 할까요?"

"틈 날 때마다 하시면 돼요."

키맨은 복식호흡을 위한 두 가지 훈련을 수시로 하다 보면 몇 달 뒤에 호흡이 훨씬 깊어진 것을 느낄 수 있을 거라고 덧붙였다.

"이 깊어진 호흡을 사용해야 보다 원어민에 가까운 정확한 발음을 낼 수 있습니다."

"음, 혀만 굴릴 게 아니었군요."

무늬만 영어는 학생들을 가르칠 때 '무조건 혀를 굴려!'라고 주문했던 것을 고백하며 멋쩍게 웃었다.

"자, 영어와 한국어 소리가 차이나는 두 번째 이유! 바로 음절의 발음 방식이 다르기 때문입니다. 이것은 간단하지만 정말로 중요한 부분입니다."

"음절 발음 방식이요? 그게 무슨 말이죠?"

또 어려운 말이냐는 듯 천상주부가 이마를 짚으며 물었다.

"차근차근 들어보면 절대 어렵지 않아요. 한국어는 자음과 모음을 한 번에 소리 냅니다. '한', '국'처럼 말이죠. 이에 비해 영어는 자음과 모음을 따로 따로, 미끄러지듯이 소리 냅니다. 'ㅁㅣㄱㅜㄱ'처럼 말이죠. 아니면 '므이그우윽'이 되는데, 이 역시 결국 한국어로 표기한 것이므로 불필요한 모음 'ㅡ'가 생기죠."

영어를 굳이 한국어 표기법으로 옮기면 그 과정에서 불필요한 모음이 생기는데, 이 모음만 빼도 영어 발음이 훨씬 좋아진다는 것이다.

"한국인에게 time을 읽으라고 하면 다들 '타임'이라고 소리를 냅니다. 하지만 time의 발음 기호는 'taim'이구요. 그래서 't/ai/m'으로 소리가 납니다. 여러분의 이해를 돕기 위해 굳이 한국어로 표기하자면 'ㅌ아이ㅁ' 정도가 됩니다."

"흠, 쉽지 않군요."

빨간 구두가 낮은 한숨을 내쉬었다.

"네, 근데 어렵다고 생각하면 끝이 없어요. 소리를 가지고 논다고 생각해 보세요."

키맨은 빨간 구두를 향해 파이팅을 외치고는 설명을 이어갔다.

"자, 또 하나 중요한 것! 영어 발음은 모음에 강세가 들어갑니다. 즉, '/t/AI/m/(ㅌ아임ㅁ)' 이런 식으로 소리가 나죠."

키맨의 말이 끝나자 너도나도 'ㅌ아임ㅁ'을 외쳐댔다.

"다들 잘하고 계시네요. 지금처럼 한 단어만이라도 원어민 발음과 한국어 발음의 차이를 구분해서 그 단어를 집중적으로 연습하면 다른 발음들도 같이 바뀔 수 있습니다. 예를 하나 더 든다면 like도 '라이크'라고 하면 안 되고, '/l AI k/(ㄹ아이ㅋ)'로 발음해야 하죠."

"아! 직접 소리를 내보니 그 차이를 확실히 알겠어요."

time과 like를 몇 번씩이나 반복해서 발음하던 영한이 큰소리로 외쳤다. 지금까지 그저 혀를 굴리면 되는 줄 알았던 발음이 사실은 소리의 차이라는 것을 느끼게 된 것이다.

"영어와 한국어의 소리가 차이 나는 세 번째 이유로는 개별 발음이 다르다는 점을 들 수 있습니다. 이건 기존의 영어 발음책들이 다루고 있는 내용이라 여러분도 알고 계실 겁니다."

키맨은 한국어의 'ㅂ'과 비슷한 발음인 'b'와 'v'의 차이에 대해 설명하고 직접 시범을 보였다. 모두 키맨의 설명을 참고해 발음을 따라한 뒤 서로의 입 모양을 보고 소리를 들으며 점검해주었다.

"하!"

영한은 유창하고 세련된 문장이 아닌, 가장 기본적인 발음을 점검하고 있는 자신의 모습에 저도 모르게 웃음이 나왔다. 하지만 그것은 비웃음이 아닌 희망의 웃음이었다. 10여 년 동안이나 영어를 공부했지만, 정작 가장 기본적인 발음의 원리조차 모르고 있었던 것을 생각하니 괜스레 억울한 생각도 들었다. 그럼에도 영한은 조급해하지 않기로 했다. 빨리 가는 것도 중요하지만 정확히 가는 것 또한 중요하다는 것을 되새기며, 영한은 더욱 힘차게 소리 내어 연습했다.

응용을 해야 내 것이 되지

"Hey, Young Han! It's been a long time. 어머, 영한 씨! 오랜만이네."

휴게실의 문을 열고 들어서자마자 제시카의 목소리가 들려왔다.

"Hi, Jessica. How have you been? 안녕, 제시카. 그동안 잘 지냈어요?"

영한은 두근대는 심장을 진정시키며 그녀에게 인사를 건넸다.

"What? You are good at English. I thought you couldn't speak English. 뭐야, 영한 씨 영어 잘하네요? 난 영한 씨가 영어를 못하는 줄 알았어요."

"No, it's just… a bit. I'm beginner yet. 아, 아니야. 그냥 조금 하는 정도예요. 아직 초보일 뿐이죠."

"What's up with that? Just trying, learning everyday. 초보면 어때요? 이렇게 조금씩 시도하며 배우는 거죠."

"Huh? 네?"

"I mean, it's really great to see you that way! 그러니까 지금의 영한 씨 모습이 멋지다고요!"

"Thank you, Jessica. 고마워요, 제시카."

영한은 제시카의 칭찬에 머리를 긁적이며 쑥쓰러워했다.

"Anyhow, it's really hot here, in summer. 그나저나 한국의 여름은 너무 더워요."

제시카는 연습실 구석에 놓인 에어컨 앞으로 다가가며 투덜거렸다. 영한은 그녀가 하는 말을 아직 완벽하게 알아듣지는 못했지만, 자신의 귀가 예전과는 달라진 것을 확실히 느낄 수 있었다. 불과 두 달 전 제시카 앞에서 꿀 먹은 벙어리가 되었던 모습과 비교하면 이 정도도 굉장한 발전이었다.

"영한 씨, 요즘 뭐 기분 좋은 일 있어요?"

"네?"

밴드 매니저의 뜬금없는 질문에 영한이 되물었다.

"오늘 연주도 좋았지만, 요즘 영한 씨 얼굴이 굉장히 환해 보여서요."

매니저는 처음 영한이 밴드의 문을 두드렸을 때 내심 걱정했었다고 고백했다. 힘겨움이 가득한 표정에서 샐러리맨의 비애가 느껴졌기 때문이었다. 그런데 두 달 만에 영한은 전혀 다른 얼굴을 하고 있었다.

"헤헤, 제가 그랬나요? 사실 그땐 제가 회사 일로 많이 힘들었거든요."

"영한 씨 생각보다 솔직한데요? 우리 오늘 오랜만에 회식 어때요?"

"응? 회식? 좋아! 제시카 회식 좋아!"

옆에서 가만히 두 사람의 이야기를 듣고 있던 제시카가 회식이라는 말에 박수까지 치며 좋아했다. 영한은 용기를 내 그녀에게 다시 말을 걸었다.

"Do you like eating some… delicious food? 제시카는 맛있는 음식 좋아해요?"

"Yes, I do love eating. 응. 나 맛있는 음식 먹는 거 정말 좋아해요."

"What food do you like? Western? or Korean? or Japanese? 어떤 음식이 좋아요? 양식? 한식? 아니면 일식?"

"I like korean food. Especially Bulgogi! I love it. 난 한식이 좋아요. 특히 불고기! 정말 맛있어요."

"I know a good restaurant for it. Let's go together. 불고기 잘하는 집 알고 있는데, 다음에 같이 갈래요?"

"Oh really? You really take me there. You are a good friend. 오! 정말요? 다음에 꼭 나 데리고 가줘요. 영한 씨는 정말 좋은 친구에요."

영한은 그리 어렵지 않은 영어 몇 마디로 제시카와 가까워진 것 같아 뛸 듯이 기뻤다.

"오! 영한 씨 이제 제시카랑 이야기도 잘하는데요? 전에는 쑥스러워서 그런지 통 말도 안 하더니."

매니저는 영한의 변화된 태도가 신기하다는 듯 말했다.

"쑥스럽기도 했지만 사실 영어에 자신 없어서요."

"어? 좀 전에 들으니 제법 잘하던데요?"

"어휴, 이제 겨우 몇 마디 하는 단계인 걸요. 그것도 간단한 것만."

영한은 쑥스러운 듯 머리를 긁적이며 웃었다.

"자, 우리 여기서 이럴 게 아니라 얼른 자리를 옮기죠?"

밴드의 드러머가 영한과 매니저의 팔을 잡아끌며 재촉했다.

"Jessica, are you ready to go? 제시카, 갈 준비 다 됐어?"

"Yes. Done. Let's go. 응, 다 됐어. 가자."

연습실의 불을 끄고 나온 제시카가 생글거리며 영한 옆으로 다가왔다.

"I think there are many delicious foods in Korea. 한국에는 맛있는 음식이 참 많은 것 같아요."

"You also like Bibimbap? 비빔밥도 좋아해요?"

"Oh! I love Bibimbap! 오! 비빔밥도 정말 좋아해요."

"We should go to try it! 다음에 그것도 같이 먹으러 가야겠네. 하하!"

길을 걷는 내내 영한은 제시카와 주거니 받거니 이야기를 나눴다. 대화를 하다가 영한이 막히면 제시카가 가르쳐주기도 했다. 짧은 대화만으로도 이렇게 가까워질 수 있었던 것을, 그동안 말이 통하지 않아 속만 태웠던 것을 생각하니 영한은 몹시 아쉬웠다. 비록 완벽한 문장과 발음은 아니지만, 제시카와 영어로 이야기를 나눌 수 있다는 사실이 영한은 그저 감사할 따름이었다.

어느덧 수업이 석 달째로 접어들자 키맨은 이제부터 간단한 이야기는 영어로 하자고 제안했다.

"Well, shall we start today's class? 자, 오늘의 수업을 시작해 볼까요?"

키맨이 수업의 시작을 알리자 모두 자세를 바르게 고쳐 앉고 그에게 집중했다.

"오늘은 그동안 배운 can, will, do에 대한 내용을 복습할 거예요. 먼저 can을 사용해서 'You can do.'를 4가지 형태로 어떻게 바꾸죠?"

"You can do, You can't do, Can you do?, Can't you do?"
멤버들이 유치원생처럼 입을 모아 합창하자 키맨이 만족스러운 미소를 지었다.

"사실 이런 조동사들은 한국어에는 없어요. 따라서 can은 can이지, 이것을 '~ 할 수 있다' 또는 '~해도 된다'로 외우는 것엔 한계가 있어요. 그러니 영어와 한국어를 일대일로 대응시키기보다는 각 상황에서 쓰이는 느낌을 기억하는 것이 좋아요."

또한 can이 사용된 4가지 문장에서 주어와 동사를 바꾸면 무한히 응용할 수 있음을 덧붙였다.

"Can I ask you?"
키맨이 개츠비를 쳐다보며 물었다.

"Yes, you can ask me."
그동안 열심히 훈련한 덕분인지 개츠비의 입에서는 대답이 술술 나왔다.

"Can you open your friend's book?"
키맨이 개츠비 옆에 앉은 샤론의 책을 가리키며 물었다.

"Yes, I can open my friend's book."

개츠비가 대답하며 샤론의 책을 펼쳐주었다.

"잘하셨어요. 지금부터 10분의 시간을 드릴 테니 서로 짝을 지어 can을 사용한 다양한 예문들을 연습해 보세요."

"You can look to me for help."

키맨의 말이 떨어지기 무섭게 빨간 구두가 영한을 향해 먼저 말을 걸었다.

"Don't push me."

영한은 빨간 구두를 장난스럽게 흘겨보며 말했다.

"Help me to practice English, please."

"Ok. Let's practice."

빨간 구두가 애처로운 표정을 지으며 파트너를 해달라고 부탁하자 영한은 거만한 표정으로 대답했다. 두 사람의 상황극을 지켜보던 키맨은 목소리는 물론 표정 연기까지 훌륭하다며 칭찬했다.

"자, 이번에는 will로 넘어가죠. 'You will do.'를 4가지 기본 문장으로 바꿔보세요."

"You will do, You won't do, Will you do?, Won't you do?"

"Excellent!"

키맨이 엄지손가락을 들어 모두를 칭찬했다. 어렵거나 복잡한 내용은 아니지만, 모두가 열의에 차서 씩씩하게 대답하는 모습이 대견했던 것이다.

"will 역시 정확히 '~ 할 거다'라는 뜻으로 해석하기보다는 문장을 통해 쓰일 때의 느낌, 그 상황을 기억하세요."

간단하게 설명을 덧붙인 키맨은 영한을 바라보며 물었다.

"Will you focus today?"

"Yes, I will focus today."

"Good! 자, 설명 들어갑니다. will을 비롯해 제가 제시한 예문들은 단순히 그것만을 익히기보다는 모두 4가지 기본 문장으로 변환하여 응용해야 합니다. 예를 들어 'I will go.'라는 문장을 보면 'I will not go.', 'Will I go?', 'Will not I go?'로도 바꿀 수 있어야 하고, 'He will eat.'이라는 문장을 보면 'He won't eat.', 'Will he eat?', 'Won't he eat?'로 곧장 바꿀 수 있어야 합니다."

키맨은 과정이 다소 지루하게 느껴질지라도 반드시 반복해서 훈련해야 한다고 강조했다.

"어떤 분야든지 기본기는 반복에 의해 다져집니다. 기본기를 확실히 익히지 않으면 실전에서 계속 실수하게 되고요. 자, 그럼 다시 10분의 시간을 드릴 테니 will 예문으로 상황극을 해보세요. 변형해도 좋고 will 예문 외에 이전에 배웠던 예문들을 응용해도 됩니다. 그냥 즐겁게 이 시간을 즐겨보자구요!"

키맨은 저만치 물러나 멤버들이 연습하는 모습을 지켜봤다. 늘 이건 이래서 힘들고, 저건 저래서 힘들다고 핑계를 대던 천상주부와 샤론도 각자의 파트너와 적극적으로 연습하고 있었다.

"하하! 다들 아주 열심히 하시네요."

키맨은 수업이 진행될수록 조금씩 어려워지겠지만, 지금처럼만 한다면 문제없을 거라며 멤버들을 격려했다.

"이번에는 예문을 통해 can과 will을 구분하는 연습을 해보죠. 사실 영어에 익숙하지 않으면 이 둘을 구분하기 어려워요."

"진짜 그렇더라고요! 예문을 연습하면서 많이 헷갈렸어요."

"이게 한국어에는 없는 부분이라 그래요. '할 것이다'라고 해서 꼭 will이 오는 것은 아니거든요. 그래서 무작정 일대일 대응으로 외우기보다는 여러 번 반복해서 연습하고 영어 문장으로 접하는 것이 중요합니다."

설명을 이어가던 키맨이 갑자기 빨간 구두를 향해 물었다.

"Can I call you tonight?"

그녀는 갑작스런 질문에 당황했지만 이내 여유로운 미소를 지으며 답했다.

"No, I can't answer the phone tonight. I will do my homework today."

빨간 구두의 능청스러운 연기에 모두 웃음을 터뜨렸다.

"Will you call me tomorrow?"

이번에는 샤론이 개츠비를 향해 한쪽 눈을 찡긋해 보이며 달달한 목소리로 말했다.

"Yes, I will call you tomorrow."

개츠비는 낮고 중후한 목소리로 대답하며 느끼한 미소까지 지어보였다.

"오호! 둘이 벌써 그렇게 된 거야?"

무늬만 영어가 눈을 가느다랗게 뜨고 샤론과 개츠비를 번갈아 쳐다보며 물었다.

"뭘 그렇게 돼요? 우린 연습하고 있는 것뿐이라고요!"

샤론이 정색하며 무늬만 영어를 흘겨보았다.

"Oh, just kidding."

무늬만 영어는 어깨를 들썩이며 영어로 말했다.

"자, 다시 수업 이어갑니다. 집중하세요! 10분의 시간을 드릴 테니 그동안 배웠던 것들을 전체적으로 한 번 더 복습합시다. 스토리가 있는 만큼 감정을 살려 실감나게 연기해야겠죠?"

A: Come here. Sit. Eat this.
　이리 와. 앉아. 이거 먹어.
B: I can't eat this. Shall we eat something

else? Let's eat something else! I will put this on the table.
나 이거 못 먹어. 우리 다른 거 먹을까? 우리 다른 거 먹자! 이건 내가 그 식탁 위에 둘게.

A : Yes. Let's go out to eat something.
그래. 우리 뭐 좀 먹으러 나가자.

B : Where shall we go?
우리 어디로 갈까?

A : Let's go to Sinsa-dong.
신사동으로 가자.

B : Can you drive? Will you take me there?
운전할 수 있어? 너 나 거기 데려다 줄래?

A : Yes! I can drive you there. Then will you buy me dinner?
좋아! 내가 너를 거기 차로 데려다 줄 수 있어. 그러면 네가 저녁 살래?

B : Ok. I will buy you dinner. And you buy me coffee.
알았어. 내가 저녁 살게. 네가 커피를 사라.

A : Ok. I will buy you coffee. Let's go to the cafe to drink coffee.
알았어. 내가 커피 사줄게. 우리 그 카페로 커피 마시러

가자.

B : Yes. You can't forget to buy me dinner!
그래. 너 저녁 사는 거 잊으면 안 돼!

A : Ok. Don't worry. I won't forget to buy you dinner.
그래. 걱정 마. 나는 너한테 저녁 사는 거 안 잊어버려.

이번에도 영한은 빨간 구두와 짝이 되어 연습했다. 빨간 구두는 아예 영한에게 가까이 와서 말을 걸기 시작했다.

"I will buy you coffee."

영한은 예문을 보며 내심 흐뭇한 미소를 지었다. 제시카와 대화할 때 써먹으면 좋을 문장들이 많았기 때문이었다.

영한은 지난번보다 더욱 유창하게 제시카와 대화하는 자신의 모습을 상상하며 의욕을 불태웠다.

이 실력에 원서를?!

"He is waiting for the traffic light. 그는 신호를 기다리고 있다."

"The traffic light turned blue. He is crossing the street at a fast pace. 신호가 파란색으로 바뀌었다. 그는 빠른 걸음으로 길을 건너고 있다."

"He is really hungry. 그는 몹시 배고프다."

영한은 수업을 마치고 집으로 돌아가는 내내 혼잣말을 중얼거렸다. 처음에는 아주 단순한 문장 위주로 연습했다. 말을 하다가 떠오르지 않는 표현이나 단어가 나오면 일단 우리말 표현을 넣은 채로 넘어갔다. 완벽한 문장을 만드는 것도 좋지만, 더 중요한 것은 영어가 입에 붙게 하는 것이라는 키맨의 조언을 따른 것이다.

"기본 문장 연습이 어느 정도 익숙해지면 자기 일상을 영어로 묘사할 때 3인칭을 써서 연습해 보세요. 즉, '내'가 아닌 '그/그녀'로 도전해보는 겁니다."

수업이 끝나갈 무렵 키맨은 멤버들에게 새로운 것을 주문했다. 주어의 변화에 따라 동사가 조금씩 달라지는 것에 익숙해지라는 의미였다.

"그녀는 지금 영어를 연습하고 있다."

"그는 빵집에 들러 빵을 조금 사갈 것이다."

부모님이 좋아하는 크림빵을 사가기 위해 동네 빵집에 들른 영한은 저도 모르게 가게 주인에게 영어로 인사를 건넸다. 다행히 주인은 다른 손님을 상대하느라 못 들은 것 같았고, 영한은 안도의 한숨을 내쉬었다.

'이런, 내가 언제부터 영어를 했다고 아무 때나 영어가 튀어나와?'

문득 오늘 강의에서 키맨이 했던 말이 떠올랐다.

"영어를 읽고, 말하고, 듣는 시간이 많아질수록 우리는 점점 영어식으로 생각하게 될 겁니다. 그러다 어느 순간에는 영어로 생각하고 있는 스스로를 보게 될 거예요."

영한을 비롯한 멤버들에게는 정말 꿈같은 이야기였다. 하지만 며칠 전 빵집에서 무의식적으로 영어로 인사한 일을 떠올리니 전혀 불가능한 것은 아닐 거라는 생각이 들었다.

"참, 영어로 된 원서를 가져오라고 했지?"

키맨은 내일 수업에 올 때 각자 읽고 싶은 원서를 한 권씩 가져오라고 했다. 영한은 수업 전에 서점에 들러 영어로 된 동화책을 사야겠다고 생각했다.

"에이, 아무리 원서라도 그렇지, 어른이 어떻게 동화책을 읽어요?"

동화책을 읽어도 되냐는 빨간 구두의 질문에 무늬만 영어가 그게 말이 되냐는 듯 얼굴을 찌푸렸었다. 하지만 키맨은 한국인들은 대부분 원서를 한 권도 끝까지 '다' 읽어본 적이 없다며, 동화책이 쉬운 것 같아도 제대로 읽고 이해하는 경우는 많지 않다고 했다. 수준별로 나와 있는 영어 동화책이 많으니 자신과 맞는 것으로 찾아오라는 것이다.

"모두 영어 원서는 가져오셨어요?"

어제 키맨의 조언 때문인지 대부분의 사람들은 두께도 얇고 내용도 부담스럽지 않아 보이는 책을 가져왔다. 그런데 무늬만 영어는 제법 두껍고 얼핏 보기에도 어려워 보이는 책을 꺼냈다. 아무래도 영어 선생님으로서의 체면을 생각한 듯했다.

"영한 씨는 책이 왜 그리 많아요?"

"아, 마음에 드는 책이 여러 권이라 내친 김에 모두 샀어요. 근데 모두 동화책이에요, 헤헤."

"그게 어떤 책이든 또 몇 권이든 상관없습니다. 여러분이 흥미를 가지고 꾸준히 읽을 책이라면 뭐든 좋아요."

키맨은 한 사람도 빠짐없이 원서를 준비해온 것만으로도 희망이 보인다며 호탕하게 웃었다.

"그런데 정말 원서를 읽는 게 영어 회화에 도움이 될까요? 전 학원에서 영어를 가르치는 데다 가끔 원서를 읽기도 하지만, 아시다시피 말하기는 꽝이었잖아요."

무늬만 영어가 두꺼운 원서를 만지작거리며 걱정스러운 듯 말했다.

"지난번에도 말씀드렸지만 우리가 10년 넘게 배웠어도 영어로 말을 못하는 이유는 영어를 언어로 사용해야 하는데 이론만 공부하고 있어서입니다. 실제로 써본 적이 없으니 못하는 겁니다."

"그렇긴 하지만…."

"지금까지 우리가 어떤 식으로 연습을 해왔죠? 문장을 소리 내어 말하면서 응용하는 연습을 했죠? 원서 읽기도 마찬가지예요.

영어로 된 문장을 소리 내서 읽다 보면 우리말로 번역할 시간이 없어져요. 그러다 보면 우리말을 거쳐서 인식하는 것이 아니라 영어 자체로 인식하게 됩니다."

"그럼 원서도 꼭 소리 내서 읽어야 한다는 말인가요?"

"당연하죠! 눈으로만 읽으면 그것은 내용을 머릿속에 넣는 것에 불과합니다. 우리말로 된 책을 읽는 것과 차이가 없는 거죠. 자신의 말하기 수준에 맞는 책을 선택한 뒤 반드시 소리 내서 읽어야 해요."

"음, 무슨 의미인지 어렴풋이 알 것 같아요."

"그리고 연습할 때 늘 하는 것! 단순히 소리만 내기보다는 감정을 담아서 읽어야 합니다. 만약 동화책이라면 등장인물이 되어 감정이입을 하는 거죠."

키맨은 원서를 읽을 때도 감정을 실어 읽다 보면 실제 대화하는 느낌이 날뿐더러 기억에도 오래 남는다고 했다.

"저만 그런지는 모르겠는데요. 오기 전에 미리 읽어보려고 책을 폈는데 생각보다 훨씬 어려웠어요."

샤론이 얼굴을 살짝 찌푸리며 말했다.

"원서가 읽히지 않는 가장 큰 이유는 당연히 원서를 많이 읽어보지 않아서입니다. 한두 줄, 한두 페이지 정도 읽다 말고 '역시 난 안 돼'라며 포기하는 사람들이 정말 많아요. 물론 저도 예전에는 그랬고요. 그래서 일단 무조건 많이 읽어야 합니다."

"많이 읽으면 정말 나아질까요?"

"그럼요. 그런데 많이 읽되 우리말로 번역하는 습관은 버려야 해요. 우리말로 바꾸지 말고 영어 자체의 느낌을 떠올리고 넘어가세요."

"동화책 외에 추천해주실 만한 다른 책은 없나요?"

"원서는 난이도도 중요하지만, 자기 취향과 관심사에 맞는 책을 선택하는 것이 더욱 중요합니다. 저도 처음에는 주변에서 추천해주는 원서를 읽기 시작했는데 눈에 들어오지 않아 포기하게 되더라고요."

"듣고 보니 정말 그러네요. 그것도 모르고 예전에 원서 한 번 읽어보겠다고 《뉴스위크》,《해리포터》같은 것만 들춰보다가 그만뒀거든요."

"어휴, 난 책 읽는 걸 별로 좋아하지 않는데."

천상주부가 혼잣말을 하며 한숨을 내쉬었다.

"책을 좋아하지 않는다면 일단 독서 습관부터 잡으셔야 합니다. 우선 관심 가는 책을 선택한 뒤 우리말 책을 먼저 읽고 같은 내용을 원서로 보는 방법을 권해드립니다."

"원서를 읽으려면 단어를 많이 알아야 하지 않을까요? 한 줄 읽다 막히고, 또 한 줄 읽다 막히면 내용도 머리에 안 들어오고 슬슬 짜증도 날 것 같아요."

샤론은 예전에 원서 읽기를 시도했다가 단어 때문에 포기한 적이 있다며 걱정스럽게 물었다.

"항상 단어가 우리의 발목을 잡곤 하죠. 물론 단어를 많이 알면 좋습니다. 하지만 단어가 원서 읽기에서 절대적으로 중요한 것은 아닙니다."

키맨은 칠판에 영어 문장을 하나 쓰기 시작했다.

> The thing that is important is the thing that is not seen.

"이건 《어린왕자》의 원서인 《The little prince》에 나오는 문장입니다. 혹시 여기서 모르는 단어가 있나요? 만약 있다면 see의 과거분사형인 'seen' 정도겠죠? 하지만 모르는 단어가 없는데도 전체적으로 무슨 의미인지 모르겠다는 분들도 있을 겁니다.

"그러게요. 의미가 한 번에 파악되지 않는데 왜 그렇죠?"

개츠비가 짐짓 심각한 표정으로 물었다.

"영어의 어순을 모르기 때문입니다. 구조가 안 보이니까 단어를 많이 알아도 그저 단어를 우리말로 바꾼 뒤 거기서 더 나아가지 못하는 거지요."

"그럼 어떻게 해야 하나요?"

"문장을 읽을 때 한글을 읽듯이 왼쪽에서 오른쪽으로 쭉 보는 겁니다. 절대로 앞뒤로 왔다 갔다 하면서 우리말 어순대로 번역하려 하지 마시구요."

"쉬운 게 하나 없네요."

천상주부가 우울한 얼굴로 탄식했다. 영한도 덩달아 낮은 한숨을 내쉬었다.

"읽을 수 있다는 믿음을 가지고 보세요. 영어만 보면 미리부터 겁을 먹어 머리가 굳어버리는 경향도 있어요. 편안한 마음으로 아는 단어들을 확인하고, 전체적인 글의 의도만 파악할 수 있으면 됩니다. 우리말로 된 책을 읽을 때도 모든 단어를 따져가면서 읽지는 않잖아요? 그러니 자꾸 문장 하나하나, 단어 하나하나를 완벽히 번역하려고 하지 마세요."

키맨은 다시 칠판에 뭔가를 써내려갔다.

> Once, long ago in a land far away, there lived four little characters who ran through a Maze

looking for cheese to nourish them and make them happy.
Two were mice, named 'Sniff' and 'Scurry' and two were little people-beings who were as small as mice but who looked and acted a lot like people today. Their names were 'Hem' and 'Haw'.

《Who moved my cheese(누가 내 치즈를 옮겼을까)》라는 책의 첫 문장이었다. 키맨은 예문을 가지고 영어식 어순대로 해석하는 방법을 설명했다.

"자, 첫 번째 문장에 아까 말한 5가지 규칙이 어떻게 들어가 있나 살펴 볼게요."

Once, long ago
(부사 : 5가지 규칙에 포함되지 않음. 문장 구조에 영향을 주지 않음)
　in a land far away, (3 : 전치사+명사)
　　there lived four little **characters** (1 : 주어+동사)
　　　who ran through a Maze (5 : 관계대명사)
　　　　looking for cheese (4 : 분사)
　　　　　to nourish them (2 : to+동사)
　　　　　　and make them happy. (5 : 접속사)

"어때요? 결국 'there lived charcters'라는 기본 문장에 간단한 규칙에 따라 설명하는 말들이 붙은 거죠?"

"어, 정말 그러네요!"

"이 문장을 우리말로 바꾸면 아래와 같이 되겠죠. 다시 강조하지만 번역은 참고만 하세요! 번역하지 않고 영어로 이해하는 습관이 중요합니다."

Once, long ago 먼 옛날
   in a land far away, 안에서 먼 땅
     there lived four little characters 살았어요 네 인물이
       who ran through a Maze 누구냐면 달린 미로 안을
        looking for cheese 찾아서 치즈를
       to nourish them 풍요롭게 할 그들을
        and make them happy. 그리고 만들, 그들을 행복하게.

"이번에는 두 번째 문장의 구조를 찬찬히 풀어 볼까요?"

Two were mice, (1 : 주어+동사)
   named 'Sniff' and 'Scurry' (4 : 분사)
   and two were little people-beings
   (5 : 접속사로 주어+동사를 끌고 옴)

who were as small as mice (5 : 관계대명사)
but who looked (5 : 접속사 및 관계대명사)
and acted a lot like people today. (5 : 접속사)

"'Two were mice, and two were Little people-beings'의 기본형에 설명이 붙은 거예요. 사실상 'A=B and C=D' 형태의 문장이죠(Little people-beings=D)."

Two were mice, 그들은 쥐였다.
named 'Sniff' and 'Scurry' 이름 지어진 스니프와 스커리
and two were Little people-beings
그리고 다른 둘은 작은 사람들이었다.
who were as small as mice 누구냐면 쥐만큼 작았던,
but who looked 그러나 보였던,
and acted a lot like people today.
그리고 행동한 사람처럼 오늘날의

"그럼 이제 세 번째 문장을 살펴볼까요?"

Their names were 'Hem' and 'Haw'.

"이 문장은 간단히 'Their names were A and B' 형태, 즉

'A=B(1 : 주어+동사)'의 문장이고요.”

"오호! 굉장히 길고 복잡한 문장 같았는데 5가지 규칙을 생각하니 금방 알겠어요!"

"네, 맞아요. 엄청 복잡하고 길어 보였던 문장도 결국은 주어+동사로 이루어진 기본 문장에 5가지 규칙에 해당하는 문장들이 따라붙어서 만들어진 거죠. 이 방식은 제가 오랜 시간 연구한 끝에 생각해낸 거예요. 이후 제가 몇 년간 원서를 읽어보면서 이 구조로 파악되지 않는 문장은 2%도 채 되지 않았어요. 달리 말하면 복잡한 문법을 몰라도 원서를 읽는 데는 아무런 지장이 없단 이야기죠. 처음부터 잘못된 번역식 교육만 받지 않았어도 이런 작업은 필요 없었을 거예요. 문장의 의미를 영어 어순식으로 받아들였다면 말이죠."

"그럼 어떻게 해야 하나요?"

답답한 영한이 재촉하듯 물었다.

"계속 강조하지만 영어 문장을 보고 기계적으로 한국어로 번역하지 말아야 해요. 지금까지 배웠던 복잡한 문법의 규칙들을 잊어버리고 일단 관심 있는 내용을 찾아 원서로 많이 읽어보세요. 우리 뇌가 영어식 어순과 구조에 익숙해지는 게 중요해요."

"어순을 익히는 것이 중요하단 건 잘 알겠지만, 그래도 모르는 단어가 나오면 바로 찾아봐야 하지 않을까요?"

빨간 구두가 고개를 갸웃거리며 물었다.

"일단 모르는 단어는 문맥으로 파악하고 넘어가세요. 우리말로 된 책이나 신문을 읽을 때 모르는 단어가 나오면 일일이 사전을 찾아보나요? 문맥을 살펴 대강의 느낌을 이해하면서 넘어가지 않나요? 원서도 마찬가지입니다. 반복해서 보다 보면 단어의 뜻이 파악되는 경우가 많아요. 그러니 여러 번 봐도 정말 모르겠는 경우에만 사전으로 확인하면 됩니다. 그렇지 않으면 원서를 읽는 것도 아니고 단어 공부도 아닌, 그야말로 이도 저도 아닌 게 되거든요. 모르는 단어가 너무 많다면 책의 난이도를 조금 낮추는 것이 좋고요."

키맨의 말에 모두 고개를 끄덕였다. 모르는 단어가 수두룩한 책을 단지 읽고 싶다는 욕심만으로 쥐고 있을 수는 없는 일이었다.

"원서와 친해지는 또 한 가지 방법은 같은 내용의 책을 한글판과 영문판으로 동시에 읽는 겁니다. 먼저 우리말 책을 5~10번 읽습니다. 반복해서 읽으면 점점 눈에 익어 읽는 시간이 줄어듭니다. 내용도 머릿속에 잘 정리되고요. 그 상태에서 원서를 읽으면 직접 해석은 못하더라도 대충 어떤 부분이라는 것을 알게 되고, 덕분에 원서를 읽는 것도 보다 수월해집니다."

물론 반대의 방법도 가능하다고 했다. 먼저 원서를 여러 번 읽어서 문장들을 눈에 익혀둔다. 그 상태에서 한글판을 읽으면 '이 말은 우리말로 이렇게 표현할 수 있구나'하고 확인할 수 있는 것이다.

"이후에 어느 정도 독해가 가능해지면 한글판과 영문판을 한 문장, 한 문장 비교해가며 읽는 거죠. 이때 내가 이해한 영어 문장과 번역본과의 차이를 느껴보면 많은 도움이 됩니다."

"어휴, 많이 늘었다고 생각했는데 아직도 갈 길이 머네요."

무늬만 영어가 얼굴을 감싸며 말했다.

"Obstacles are what you see when you take your eyes off the vision."

키맨은 씩 웃으며 말했다.

Keyman's Tip

"원서! 제대로 읽는 비법"

- 왼쪽으로 되돌아가지 마세요. 오른쪽으로 고고~.
- 우리말로 일대일 번역은 No! 영어 자체로 이해하기!
- 일일이 단어를 찾아보지 않기. 문맥으로 파악하는 연습!
- 말하기 수준에 맞는 책을 소리 내어 읽으면 효과는 10배!
- 남이 추천하는 책이 아닌 읽고 싶은 책을 읽어요!
- 겁먹지 않기! 읽을 수 있다는 믿음을 갖기!
- 안 읽으니까 못 읽는 거랍니다. 일단 시작하세요!

"저번에도 말했죠? 장애물은 목표에서 눈을 뗄 때 보이는 거라고요. 힘들다는 생각이 들면 여러분이 그만큼 목표에 집중하지 못하고 있다는 뜻입니다. 더욱 간절해지세요. 어렵고, 힘들고, 시간이 없다는 등 여러분이 목표를 향해 달려가는 중간에 마주하게 되는 그 모든 장애물은 목표에 더욱 집중하는 그 순간 사라져버릴 겁니다. Whether you believe you can do a thing or you can't, you're always right. 여러분이 마음먹은 대로 될 겁니다! 그럼 지금부터 20분을 드릴 테니 원서 읽기를 시작해 보는 겁니다!"

원시인이 되어
영어방을 만들어라

약속한 20분이 지나고 마지막 한 명까지 모두 원서 읽기를 끝냈다.

"다들 잘 하셨어요. 어때요? 막상 해보니 크게 어려운 건 없죠?"

"생각했던 것보단 힘들진 않은데 완벽하게 이해가 안 되니 조금 답답한 느낌이 들어요."

천상주부가 기다렸다는 듯이 먼저 대답을 했다.

"영어의 어순 구조를 파악하고 영어를 영어 자체로 받아들이기까지는 그럴 겁니다. 답답하다고 느끼는 이유는 우리가 번역식 영어에 익숙해진 탓이고요. 자꾸 번역가들처럼 매끄럽게 번역해야 한다는 강박관념이 있다 보니 문장의 뜻을 이해했는 데도 뭔가 부족하게 느껴지는 것이죠."

키맨은 설령 읽다가 막히는 부분이 있어도 흐름에 지장을 주는 정도가 아니라면 그냥 넘어가라고 했다.

"읽고 나서 머릿속에 내용에 대한 이해와 책이 전하는 메시지가 남으면 됩니다. 그게 중요한 거죠."

그러자 무늬만 영어가 손을 번쩍 들며 질문했다.

"우리말로 번역하지 말라고 하셨잖아요? 그게 잘 안 돼요. 직업병인지 뭔지는 잘 모르겠지만 영어 문장을 보면 일단 완벽하게 번역을 해야 직성이 풀려요. 물론 그런다고 영어를 잘하는 것도 아니면서 말이죠."

무늬만 영어는 키맨의 말에 공감하지만, 자신도 모르게 번역을 하려고 한다며 걱정스레 말했다.

"음, 사실 읽는 방법만 바꿔도 그 문제는 어느 정도 해결할 수 있어요."

"네? 정말요? 어떻게 읽으면 되죠?"

무늬만 영어가 몸을 바짝 책상 앞으로 당기며 키맨의 대답을 재촉했다.

"제가 오늘 수업을 시작하며 강조한 말이 있죠? 원서를 읽을 때는 소리 내어 읽어라! 왜 그래야 한다고 했죠?"

영한이 기억을 떠올리며 대답했다.

"소리에 신경을 쓰느라 한국어로 번역할 여유가 없기 때문이라고…."

"오호! 영한 씨가 정확하게 기억하고 있네요. 맞아요. 그러다 보면 영어를 영어 자체로 받아들일 수 있게 된다고 했었죠."

키맨은 이런 이유로 원서를 소리 내어 읽힌 것이라고 했다.

"그리고 또 하나, 시간을 정하고 읽는 방법이 있어요. '10분 동안 5페이지를 읽는다!'처럼 구체적인 목표를 정하고 읽는 겁니다. 그냥 편하게 읽으면 자꾸 우리말로 번역하게 되고 딴 생각도 하게 되거든요. 스스로에게 번역할 여유를 주지 마세요. 그러면 어느 순간 영어 자체만 남게 될 겁니다."

"사실 예전에 지하철을 오가는 동안 원서 읽기를 시도한 적이 있어요. 그런데 도통 페이지가 안 넘어가니 창피하더라고요."

샤론은 대학 시절 원서 읽기를 시도했던 경험을 털어놓으며 부끄럽다는 듯 말했다.

"하하! 공공장소에서 원서를 읽으라고 권하면 샤론 님처럼 페이시가 안 넘어가서 창피하다는 분이 많습니다. 그런데 이 문제는 이렇게 하면 됩니다."

사뭇 심각한 표정의 샤론과는 달리 키맨은 유쾌한 웃음을 지으며 대답했다.

"어떻게요?"

영한이 궁금해 죽겠다는 표정으로 물었다. 사실 그도 내심 걱정하던 부분이었다.

"그냥 가끔씩 페이지를 넘겨주시면 됩니다."

"네? 그게 무슨…?"

"제가 좋아하는 격언 중에 '진짜가 될 때까지 진짜인 척하라'라는 말이 있어요. 정말 잘하게 될 때까진 잘하는 '척'하라는 말이죠. 언뜻 듣기에는 이상할 수도 있지만, 어느 순간에 그 '척'들이 쌓여 진짜로 잘하고 있는 자신의 모습을 보게 될 겁니다. 그러니까 두려워말고 일단 시작하세요."

"무슨 말인지 이해는 되는데 도대체 그게 언제가 될까요? 시간이 얼마나 걸리느냐고요?"

늘 마음이 조급한 천상주부가 따지듯이 물었다.

"그토록 오랫동안 쌓인 잘못된 습관들이 한두 달 만에 고쳐지겠습니까? 저도 혼자 이런저런 방법을 시도한 끝에 제대로 원서 읽기를 시작하기까지 2년 정도의 시간이 걸렸어요. 하지만 제 조언을 참고하면 여러분은 그만큼 시행착오가 적을 테니 몇 달 안에 제대로 된 독해를 시작하게 될 겁니다. Vision is the art of seeing the invisible."

키맨은 멤버들을 똑바로 쳐다보며 말했다.

"눈을 감고 꿈이 실현되는 모습을 상상해 보세요. 물론 상상만 할 것이 아니라 충분한 노력도 뒤따라야겠죠. 그리고 제 말에는 제 경험은 물론 오랜 기간 직접 사람들을 가르치며 확인한 것들이 들어있으니 믿고 따라와 보세요."

강의실에는 잠시 침묵이 흘렀다.

"그럼 지금부터 10분간 시간을 드릴 테니 그동안 몇 페이지를 읽을 것인지 자신과 약속을 하세요. 그리고 최대한 시끄럽게 원서를 읽으세요. 이제부터 여러분은 원시인이 되는 겁니다."

"원시인요?"

"네. '원서를 시끄럽게 읽는 인간', 그 첫 글자를 따서 원시인이라고 부릅니다."

"아하!"

영한은 키맨의 얼굴에서 노력 끝에 이루어낸 사람만이 지을 수 있는 미소를 보았다. 그것은 요행이나 운으로 성취한 자의 거만한 웃음과는 확실히 달랐다. 스스로의 노력으로 한 걸음 한 걸음 나아간 끝에 도달한 여유로운 웃음이었다. 영한은 언젠가는 자신도 그런 웃음을 지을 수 있을 거라며 마음을 다잡았다.

"Stop!"

모두가 원서 읽기를 끝낼 때까지 기다려주었던 처음과는 달리,

키맨은 단호한 목소리로 약속한 10분이 지났음을 알렸다.

다행히 영한은 스스로 정한 분량을 모두 끝낸 상태였다. 직접 해보니 설명으로만 들을 때보다 더욱 와닿는 듯했다.

"이렇게 계속해서 원서를 소리 내어 읽다 보면 영어로 사고하는 머리, 바로 '영어방'이 만들어집니다."

"영어방이요?"

"네. 다른 말로 '영어 뇌', 혹은 '영어식 사고'라고도 하죠. 원서를 소리 내어 여러 번 읽다 보면, 영어 문장을 해석하는 게 아니라 영어 자체로 이해하게 됩니다. 영어방이 커지면 우리가 말로만 듣던 '영어로 잠꼬대를 하는 수준'까지 되는 거죠."

"어머, 설마요!"

빨간 구두는 그 정도면 신의 경지가 아니냐며 깔깔거렸다.

"맞아요. 우리 같은 왕초보가 꿈까지 영어로 꾼다는 건 너무 과한 욕심이죠."

개츠비도 거들었다.

"절대로 그렇지 않아요. 지금까지 여러분께 가르쳐드린 말문 트기와 말문 늘리기 그리고 영어방 만들기를 꾸준히 훈련한다면 여러분에게도 영어로 잠꼬대를 하는 그날이 올 겁니다!"

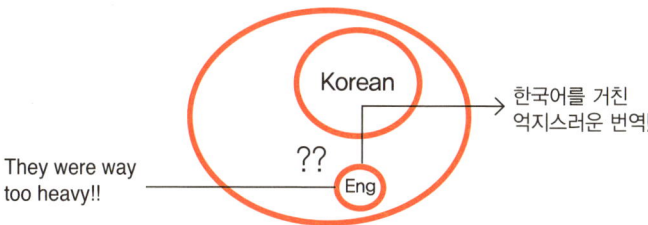

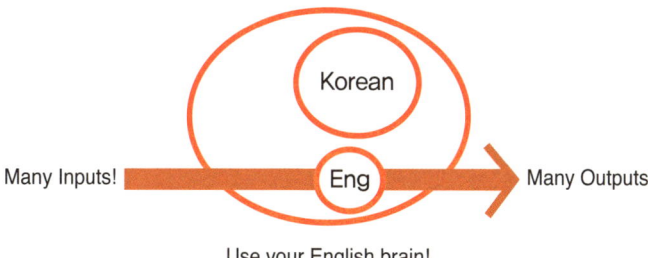

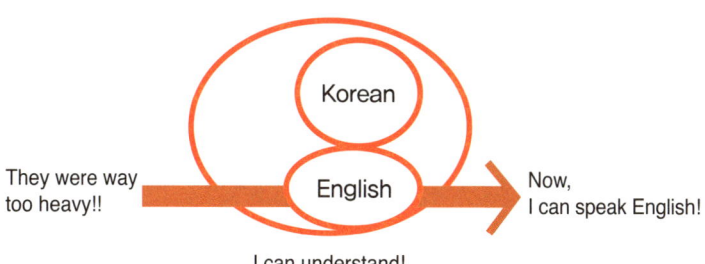

Keyman's Tip

"영어 왕초보 탈출, 이 순서대로 해보세요!"

step 1 말문 트기
하나, 이미 알고 있는 단어를 활용해서
둘, 영어식 어순으로
셋, 하고 싶은 말을 영어로 표현할 수 있도록 반복해서 훈련하기!

step 2 말문 늘리기
하나, 일상 묘사를 시작하고
둘, 간단한 생각들을 표현하고
셋, 원서 속 문장에서 단어를 바꿔 응용해보기!

step 3 영어방 만들기
하나, 원서를 소리 내어 읽으면서
둘, 한국어로 번역하지 말고
셋, 영어 자체로 받아들여
넷, 원서 읽는 속도 높이기!

엉터리 패턴을 버리고
진짜 패턴을 익혀라!

"자, 이제 남은 시간 동안 말문 늘리기 훈련을 해볼까요? 먼저 그림을 보고 제 질문에 대답해 보세요."

그림1)
남자가 책상에 앉아 책을 읽고 있다. 방 안에는 TV와 피아노가 있다.

"질문에 앞서 간단히 복습을 해볼게요. 아무리 복잡한 문장도 다섯 가지의 규칙만 있으면 완성된다고 했습니다. 첫 번째 규칙이 뭐였죠?"

"주어와 동사요."

영한과 빨간 구두가 동시에 대답했다.

"잘 기억하고 계시네요. 이때 동사는 크게 두 가지로 나뉘는데, '→' 동사와 '=' 동사가 있다고 했죠. 다들 기억하시죠?"

"네!"

"'He goes.', 'You like me.', 'I like my dog.'는 둘 중 어느 것이죠?"

"주어가 '→'하는 거요."

"맞습니다. 그럼 'He is here.', 'You are tall.', 'I am rich.'는 어느 쪽일까요?"

"주어가 '='인 거죠."

모두가 자신 있는 목소리로 대답하자 키맨은 만족스럽게 웃었다.

"그런데 그런 것도 문법이에요? 그런 문법은 못 본 것 같은데?"

취업을 준비하는 동안 문법 공부 꽤나 했다는 샤론이 이상하다는 듯 물었다.

"우리가 그동안 워낙 잘못 배워온 탓에 특히 토익책이라도 좀 보신 분들은 자꾸 샤론 님처럼 문법에 비춰 하나하나 따져보려는 경향이 있어요. 문법이면 어떻고 아니면 어떻습니까? 제발 그냥 소리 내어 말해보고 실생활에서 예문을 만들어 연습하세요. 그래서 'Is he speak?', 'Why do you angry?', 'Where does he living?' 같은 말을 들었을 때 자연스럽게 어색함을 느끼고 고칠 수 있어야 합니다."

키맨이 빨간 구두를 향해 갑자기 물었다.

"What does he have?"

빨간 구두는 키맨의 손끝이 가리키는 그림을 보며 대답했다.

"He has a book and a TV."

"Isn't he watching TV?"

"No, He isn't watching TV."

이번에는 키맨이 영한을 바라보고 물었다. 영한 역시 그림을 보며 어렵지 않게 답했다.

"Then what is he doing?"

"He is reading a book."

키맨은 멤버들에게 번갈아가며 계속 질문했다. 답을 어려워하는 경우는 답을 말할 수 있도록 도와주었다.

"모두 열심히 잘해주셨어요. 수업 때는 시간이 부족해서 10분이라고 제한하지만, 강의실 밖으로 나가면 하고 싶은 만큼 연습하면 됩니다. 더 많이, 더 자주 말하고 응용하는 사람이 영어의 주인이 되겠죠?"

"영어의 주인이라…. 상상만으로도 기분이 좋아지는데요, 하하!"

무늬만 영어는 키맨의 말에 유쾌하게 웃었다.

"시간은 늘 부족하고 아쉬운 탓에 그것을 더욱 소중하게 사용해야 하는 것 같아요. 그런 의미에서 남은 시간 동안 힘껏 달려볼까요?"

"넵!"

키맨의 말이 떨어지기 무섭게 모두 입을 모아 대답하며 자세를 고쳐 앉았다.

"지난 시간에 배웠던 현재진행형 문장을 한 번 더 되짚어보고 오늘은 과거진행형을 연습할게요."

> I am reading.
> I am not reading.
> am I reading?
> Am not I reading?
> You are reading.
> You are not reading.
> Are you reading?
> Are not you reading?

"'What are you doing?'처럼 친숙한 문장이죠? 늘 그렇듯이 무작정 외우지 말고 기본형을 조금씩 바꿔서 연습해야 합니다. 지난 시간 연습한 예문으로 문장 구조에 익숙해지면서 다양한 응용으로 말문을 늘려 가면 됩니다."

모두 숙제 종이를 내려다보며 예문을 중얼거렸다. 키맨은 멤버들을 지켜보며 그들이 반복해서 예문을 익힐 때까지 충분히 기다려주었다.

"다들 소리 내어 연습해 보셨죠? 자, 그렇다면 'I am reading.'에서 동사는 뭘까요?"

"reading."

천상주부가 냉큼 대답하고는 당연한 거 아니냐는 표정으로 키맨을 보았다.

"음….."

"아, 아닌가요? 그럼 뭐지? '나는 읽고 있다'라는 뜻이니 reading이 맞잖아요?"

천상주부가 억울하다는 표정으로 말했다.

"'I am reading.'을 천상주부 님처럼 '나는 읽고 있다'라고 번역하는 식으로 배운 탓에 동사를 'reading'으로 착각하는 분들이 많습니다. 하지만 이 문장에서 동사는 'am'입니다. 즉 'I am going.'은 'I = going'이라는 걸 의미하죠."

키맨은 be 동사가 불규칙적으로 변해서 낯설게 생각하는 경향이 강한데, be 동사는 기본적으로 '=' 동사로 알아두면 된다며 다시 한 번 가르쳐주었다.

"그러면 남은 시간 동안 과거진행형을 연습해 볼까요? 이것들은 과거진행형 문장의 4가지 기본 구조입니다. 그다지 어려운 것은 없죠?"

I was doing.
I was not doing.
Was I doing?
Was not I doing?

They were doing.
They were not doing.
Were they doing?
Were not they doing?

"보다시피 문장의 구조는 현재진행형과 똑같고 be 동사만 과거로 바뀝니다. 그런데 혹시 아직도 여러분 중에 이것을 '주어+be 동사의 과거형+동사의 ing' 같은 식으로 외우는 분이 있나요?"

키맨은 멤버들의 얼굴을 쓰윽 훑어보며 물었다. 몇몇이 키맨의 눈길을 피하며 멋쩍어했다.

"누누이 말하지만 문법 용어의 암기는 뇌를 괴롭힐 뿐입니다. 뇌는 더 바람직한 곳에 활용하시고 영어는 입으로 연습하세요. 'What are you doing?'은 익숙한데 'Why weren't they doing?'은 왠지 어색할 거예요. 그렇게 말해본 적이 없으니까요. 그러니 여러 번 소리 내어 말해서 우리의 입과 귀가 다양한 문장에 익숙해지도록 만들어야 합니다."

"그렇지만 무조건 아무 문장이나 익힐 수는 없잖아요. 시간적인 한계도 있고요."

빨간 구두는 좀 더 효율적으로 문장을 연습할 수 있는 비법은 없는지 물었다.

"잘 생각해 보세요. 제가 지금까지 예로 들었던 문장들이 그저 말 그대로 '다양한 문장'이었을까요?"

강의실에 침묵이 흘렀다. 다들 무슨 말인지 모르겠다는 표정이었다.

"음, 잘은 모르지만 어떤 일정한 패턴이 있는 문장을 예문으로 내주신 것 같아요. 그리고 우리가 재미있게 익히라고 예문을 가지고 스토리도 만들어주신 것 같고."

곰곰이 생각하던 영한이 대답했다.

"패턴! 그걸 느끼셨다니 감사합니다. 영어로 제대로 말하고 싶다면 기본 구조를 스스로 응용해낼 수 있는 능력을 연습해야 해요. 제가 성인이 된 후 처음으로 영어 공부를 시작할 때, 영어 패턴 몇 가지만 하면 된다는 내용의 책으로 시작했습니다. 4개월간 정말 열심히 외우고 연습했어요. 그런데 외국인을 만나니 정작 말 한 마디도 안 나오더라고요. 충격이 컸지만 덕분에 그 이유를 고민할 수 있었습니다."

키맨은 기존의 책에서 말하는 영어 패턴이 결국은 단순한 문장 암기에 불과하다는 사실을 깨달았다고 말했다. 뭔가 쉬워보이고 대단한 학습법 같았지만 실상은 70년대 암기식 영어와 별 차이가 없는 것이었다.

"예를 들면 'I think you are pretty.'라거나 'I think they would not come.'처럼 I think만 익히면 무슨 말이든 할 수 있다고 하죠. 하지만 그 뒤의 문장들은 어떻게 만들죠? 따라서 이런 방법으로는 스스로 문장을 만들어낼 수 없는 겁니다."

키맨은 칠판에 빠른 속도로 예문을 쓰기 시작했다.

"조금 더 설명해 볼게요. 여러분이 한국어를 배우는 외국인이라 생각하고 이 예문들을 읽어 보세요."

거기는 우리끼리 가기에는 너무 멀어.
이건 우리끼리 먹기에는 너무 많아.
이건 우리끼리 처리하기에는 너무 어려워.

"이 문장들에서 일정한 패턴이 보이죠? '거기는 우리끼리 가기에는 너무 멀어'라는 문장의 구조가 보이면 그것을 바로 응용해 보면서 말을 늘려가면 됩니다. 만약 이 문장의 구조가 안 보이고 응용도 안 된다면, 우선 기본 문장만 빼내면 됩니다. '거기는 너무 멀어, 이것은 너무 많아, 이건 너무 어려워' 이렇게 말이죠."

"그런 다음에는요?"

"기본 문장에서 단어만 바꾸어 말을 만들어보는 거죠. '거기는 너무 멀어'처럼 '이것은 너무 쉬워', '그녀는 너무 예뻐' 혹은 '그는 너무 똑똑해'라는 식으로요. 다 같은 모양이죠?"

"정말 그러네요. 규칙이 있으니 단어만 살짝 바꾸면 응용할 수 있겠어요. 어휴, 그런데 난 왜 이제야 알았지?"

천상주부는 그제야 키맨의 말을 이해했다며 멋쩍게 웃었다.

"이런 식으로 외국어를 익히면 노력에 비해 실력이 향상되는 속도가 빠를 겁니다. 우리는 이제까지 너무 비효율적으로 영어를 익혀왔어요. '안녕하세요, 나는 누구입니다. 점심 먹었습니까?' 정도에 해당하는 말들을 일일이 외워온 거죠. '나는 누구입니다'를 배웠으면 '이것은 무엇입니다', '이것은 뜨겁습니다', '저것은 비쌉니다'라는 식으로 응용하며 익혀야 하지 않을까요?"

"당연하죠! 뭐든 적은 노력으로 큰 효과를 얻는 것이 최고죠!"

늘 회사 일 때문에 숙제할 시간이 부족하다며 힘들어하던 개츠비가 유쾌하게 웃으며 말했다.

걔한테 오라고 해.
Tell him to come.

걔한테 늦게 자지 말라고 해.
Tell him not to sleep late.

걔한테 내 비밀을 말하지 말라고 해.
Tell him not to tell my secret.

나는 네가 갔으면 해.
I want you to go.

나는 네가 나를 좋아했으면 해.
I want you to like me.

너는 내가 너를 좋아하길 원해?
Do you want me to like you?

1) 걔한테 오라고 해.
→ 해 / 걔한테 / 오라고
⇒ Tell / him / to come.

2) 나는 네가 나를 좋아했으면 해.
→ 나는 원해 / 네가 / 좋아하기를 나를
⇒ I want / you / to like me.

"참, 이런 패턴들을 익히고 응용하면서도 늘 영어식으로 어순 연습하는 것을 잊지 마세요. 패턴을 익혀도 영어로 말이 안 나오는 경우에는 우리말로 어순부터 바꿔보는 연습을 충분히 해보세요. 물론 항상 입으로 소리 내는 것도 잊으면 안 되겠죠?"

 회일쌤의 key-talk

영어 사전, 제대로 쓰자구요!

'영한사전을 써라', '아니다, 영영사전을 써야 한다' 등 사전 활용에 대한 다양한 의견들이 있습니다. 영영사전을 주장하는 분들은 기본 실력을 갖춘 경우가 많고, 영한사전을 주장하는 분들은 초보 입장에서 말하는 분들이 많습니다.

지금부터 한영사전, 영한사전, 영영사전 제대로 쓰는 법을 알려드릴게요. 종이 사전이든 스마트폰의 어플리케이션이든 똑똑하게 사용하면 수십 수백 배의 효과를 볼 수 있답니다. 한 언어와 다른 언어는 정확한 일대일 대응이 어렵다는 점을 기억하면서 시작해 볼까요?

한영사전

한영사전은 주로 특정한 의미를 영어로 표현하고 싶을 때 사용하죠. 예를 들어 '나는 그들이 한국어를 배워야 한다고 주장합니다'라는 말을 영어로 하려면 '나는 주장한다 / 그들이 배워야 한다고 / 한국어를' 식으로 어순을 바꾸고, '주장한다'에 해당하는 영어 단어를 찾아보는 거

한영사전, 영한사전, 영영사전을 각각 특성에
맞게 활용하면 엄청난 무기가 된답니다!

죠. 그러면 claim, insist 등 몇 가지가 나올 텐데, 각 단어의 예문을 보면서 상황에 가장 가까운 것을 사용하면 됩니다.

한편 '밥맛 떨어진다', '정이 많다'처럼 문화적 의미가 들어간 말들은 한영사전에서 표현이 나오더라도 참고만 하고, 실제 상황에 맞게 적절히 변형하는 게 좋습니다.

영한사전

영한사전은 영어 단어의 뜻을 모를 때 사용하죠? 우리말로 된 설명이 나오니 일단 부담이 덜 되고, '오늘 공부 좀 했다'라고 생각하기 쉽지요.

하지만 한 가지 문제가 있는데, 언어 간에 일대일 대응이 되지 않는다는 사실입니다. 즉 우리가 영어를 받아들일 때 영어 자체로 받아들이지 않고 한국어라는 일종의 필터를 거치게 되는 거죠. 자, 우리가 흔히 '보다'라고 알고 있는 다음의 세 단어를 살펴볼게요.

look : 보다, 바라보다
see : 보다, 보이다, 목격하다
watch : 보다, 지켜보다

세 단어 모두 '보다'라는 뜻을 가지고 있지만, 미묘한 뉘앙스의 차이가 있습니다. 그래서 그 뜻을 일일이 외우자니 힘들어지고, 항상 그 뜻이 되지 않는 경우도 많고요. 때문에 영어로 말할 때 의미 차이가 생길 수 있습니다. 또한 원서를 읽다 모르는 단어가 나와서 뜻을 찾아봐도 여전히 이해가 안 되는 경우도 많고요. 그러다 보니 한 문장 안의 단어 뜻을 모두 알아도 이상한 한국어 조합이 될 뿐 문장 전체의 뜻이 파악되지 않는 겁니다.

따라서 영한사전은 영영사전을 활용할 실력을 만드는 과정에서 도움을 주는 정도로 생각하는 것이 좋습니다. 영영사전을 봐도 무슨 뜻인지 전혀 감이 안 잡힐 때 가끔씩 영한사전으로 도움을 받는 것이죠.

영영사전

영영사전은 롱맨이나 콜린스 코빌드 등이 있는데 서점에서 직접 보고 본인에게 맞는 걸 선택하길 권장합니다. 참고로 저는 콜린스 코빌드를 좋아합니다. 설명이 짧고 명확하거든요.

만약 '밥을 먹으며 TV를 보다'라고 할 때 '보다'에 해당하는 단어로 어떤 것을 써야 할까요? 또한 TV를 사려고 매장에 가서 '저 TV 좀 봐'라고 할 때는 어떤 단어를 써야 할까요? 아까 제가 look, see, watch가 '보다'라는 뜻을 지니고 있지만 각기 뉘앙스가 다르다고 했죠? 영영사전을 보면 그 차이를 보다 확실하게 알 수 있어요.

look : Direct your eyes in that direction.
see : You notice it using your eyes.
watch : You look at them, for a period of time.

이 세 단어의 의미 차이가 확실하게 느껴지나요? 각 단어의 설명을 보고 바로 이해가 된다면 영영사전을 사용하면 됩니다. 아직 바로 이해되지 않는다면 영한사전식으로 설명해 볼게요.

look : Direct your eyes in that direction.
　　　향하다 / 너의 눈을 / 그 쪽 방향으로
　　　→ 무언가 보려고 시선이 확 돌아가는 느낌

see : You notice it using your eyes.
　　　너는 / 알아차리다 / 무엇인가 / 너의 눈을 사용해서
　　　→ '저 큰 산이 보여?'처럼 눈에 뭔가 보이는 느낌

watch : You look at them, for a period of time.
　　　눈길을 어디로 향한 채 계속 거기에 두는 느낌. 즉 지켜보거나 관찰하는 느낌.

따라서 '밥을 먹으며 TV를 보다'라고 할 때의 '보다'는 watch를 쓰는 것이 맞습니다. 또한 TV를 사려고 매장에 가서 '저 TV 좀 봐'라고 말할 때는 look을 써야 하고요. 이처럼 영영사전을 사용해 각 단어의 정확한 뉘앙스를 알고 쓰는 것이 영어 말문을 터뜨리는 지름길입니다.

PART 5
황홀한 세상, 영어로 열어라!

영어로
세상과 소통하다

　퇴근 후 밴드에 들른 영한은 베이스의 줄을 맞추다 말고 회사에서 있었던 일을 떠올리며 미소를 지었다. 요즘 싱가포르에 이어 필리핀 시장까지 적극적으로 뚫는 바람에 영한의 팀원 모두 과부하가 걸린 상태였다. 특히 통역에 있어 현석의 역할이 크다 보니, 현석은 급기야 과로로 쓰러져 병원 신세를 지게 되었다.
　"네, 이스트일렉트로닉스의 글로벌팀입니다."
　현석의 자리에서 전화벨이 울리자 영한은 주위를 두리번거렸다. 하지만 팀원 모두 정신없이 각자의 업무를 처리하고 있어 남의 자리에 놓인 전화에 신경쓸 여력이 없었다. 할 수 없이 가까운 자리에 있는 영한이 전화기를 집어든 것이다.

"이봐요, 현석! 나 JM의 토마스예요. 도대체 어떻게 된 거예요? 어제까지 단가 확인해서 메일로 보내준다고 했잖아요!"

전화기 너머로 거친 목소리가 들려왔다. 워낙 빠르게 쏘아붙이는 통에 완벽하게 알아듣지는 못했지만, 무슨 의미인지 어느 정도는 이해할 수 있었다.

"죄송합니다. 지금 현석 씨가 병원에 입원해서 며칠째 회사에 나오지 못하고 있습니다."

"아, 그래요? 미안합니다. 현석 씨인 줄 알고 무작정 화를 냈네요. 그런데 어쩌죠? 오늘까지 단가를 확인해야 하는데…."

"아! 마침 JM에 보낼 서류가 여기 있네요. 팩스 번호 불러주시면 제가 대신 보내 드리겠습니다."

통화를 하며 현석의 책상 위를 이리저리 살피던 영한은 현석이 준비해 둔 서류를 발견했다.

"그러면 되겠네요. 정말 감사합니다."

"아닙니다. 지금 즉시 보내겠습니다."

팩스 전송까지 마치자 영한의 얼굴에는 환한 미소가 번졌다. 서툴기는 했어도 자신이 영어로 의사를 전달할 수 있다는 사실이 기뻤다. 몇 시간이 지난 지금까지도 기분 좋은 일이었다.

"Young Han, what's up, today? You have a big smile! 영

한, 오늘 무슨 좋은 일 있어요? 얼굴에 웃음이 가득한데요!"

제시카가 문을 열고 들어서며 인사했다. 방학을 하자 제시카도 평일이면 종종 연습실에 들르곤 했다.

"Jessica! You are here to practice? 어, 제시카! 연습하러 왔어요?"

영한은 제시카에게 회사에서 있었던 일을 신나게 이야기했다.

"Wow! Your boss would like you? 와! 상사한테 칭찬 많이 들었겠네요?"

"No. I just didn't tell him. 아니, 그냥 말 안했어요."

현석은 늘 하는 일인데 자신은 뭔가 대단한 일을 한 것처럼 떠벌린다는 것이 우스웠기 때문이었다.

"By the way, can you show me around Insa-dong this Sunday? 참, 영한! 이번 주 일요일에 인사동 안내 좀 해주지 않을래요?"

"Insa-dong? 인사동?"

"Yes, Insa-dong. 응, 인사동."

"You've never been there? 인사동에 한 번도 안 가봤어요?"

"Once I tried but I wasn't with anybody to guide me. So I've wanted to try again. 가보긴 했는데 그땐 안내해주는 친구가 없어서 뭐가 뭔지 잘 모르겠더라고요. 다시 한 번 가보고 싶거든요."

"Aha! then I will do guide you! 아하! 그럼 내가 제대로 안내해줄게요. 하하!"

영한은 호탕하게 웃으며 흔쾌히 그러겠노라고 말했다. 마침 키맨의 회사에 행사가 있어 이번 주는 토요일에만 수업이 잡혀있는 상태였다. 영한은 미리 인사동의 구경거리와 맛집을 알아두고, 그것을 영어로 표현하는 방법도 연습해둬야겠다고 생각했다. 제시카와 즐거운 하루를 보낼 생각을 하니 벌써부터 들뜨기 시작했다.

"뭐야, 벌써 이런 어려운 원서를 읽는 거야?"

키맨과의 수업이 끝나고 집으로 돌아오는 지하철에서 빨간 구두가 영한이 꺼내 든 원서를 보며 부러운 듯 물었다.

"남들이 보는 곳에선 수준 높은 원서, 집에선 쉬운 원서 몰라? 킥킥."

영한은 빨간 구두의 귀에 대고 속삭였다.

"오! 맞다 그랬지! 영한 씨 내일 뭐 해? 약속 없으면 나랑 같이 서점 갈래?"

"나 약속 있어. 이래봬도 나름 바쁜 남자라고. 흠!"

"뭐야? 여친이랑 데이트라도 하는 거야?"

영한은 내일 제시카와 인사동에 놀러가기로 했다며 자랑을 늘어놓았다.

"오호! 숙제도 하고 데이트도 하고, 이거 두 마리 토끼를 다 잡겠는데?"

이번 주에 키맨이 내준 숙제는 '외국인과 대화하기'였다. 키맨은 말문을 트는 단계에서는 외국인보다 한국인과 연습을 하는 것이 낫다고 했다. 외국인을 만나도 대화를 길게 끌고 갈 수 없는 상태이기 때문이다. 하지만 말문이 트이고 어느 정도 단계가 되면 외국인과의 대화를 시도해보는 것이 좋다고 했다. 실제 외국인과 이야기하면서 영어에 대한 두려움을 없앨 수 있을 뿐만 아니라, 발음과 억양 등을 파악해 따라하는 데도 도움이 되기 때문이다.

키맨은 온라인이나 오프라인을 통해 외국인과 이야기 나눌 수 있는 여러 방법들을 소개했다. 특히 고궁이나 광화문, 이태원 등 외국인들이 많이 찾는 곳에서 간단한 길 안내를 하는 것도 좋은 방법이라고 했다.

왕초보 단계일 때는 원어민과 영어로 대화한다고 해서 말하기 실력이 갑자기 늘지는 않습니다. 오히려 혼잣말로 연습하고 반복해서 응용하면 말하기 실력이 쑥쑥 늘어날 거예요.

"그나저나 난 외국인과 대화하는 숙제는 못할 것 같아. 아는 외국인이 있어야 말이지."

빨간 구두가 영한의 얼굴을 물끄러미 바라보며 불쌍한 표정을 지어보였다. 제시카와의 자리에 끼워달라는 눈치였다.

"회사에 종종 외국인들이 온다면서?"

"아서라. 어설픈 영어로 대하다가 더 큰 불만이 생기면 어쩌게. 아직은 뒤에서 관찰하며 훈련해야 하는 단계야."

듣고 보니 일리가 있는 말이었다. 영한은 얼마 전 현석에게 걸려온 해외 파트너의 전화를 받으면서 혹시라도 실수를 할까 봐 간이 콩알만해졌던 것이 기억났다.

"기운 내. 아직 일주일이나 남았잖아."

영한은 다시 원서를 읽는 척하며 빨간 구두의 눈길을 슬며시 피했다. 빨간 구두의 심정은 이해하지만 제시카와의 첫 데이트에 끼워줄 수는 없는 노릇이었다.

"내 행동 반경이 빤한데 어디 가서 외국인을 만나? 그리고 내가 혼자서 외국인한테 말을 걸 수 있는 성격이라야 말이지. 에휴."

"음, 그럼 이거라도 누나 줄게."

살짝 미안한 마음이 든 영한은 원서에 끼워져 있던 책갈피를 빨간 구두에게 내밀었다.

"응? 뭐야, 이게?"

"내가 연습하다가 가끔 기운 빠질 때 읽었던 말이야. 이제 나보다는 누나한테 필요한 거 같네."

> There is no chance, no destiny, no fate
> can circumvent or hinder or control
> the firm resolve of a determined soul.
>
> 우리가 확고한 의지로 결단하면 어떤 것도 우리를 방해할 수 없다.

"쳇! 끝까지 같이 가자는 말은 안하네. 사실 나도 영한 씨 데이트에 눈치 없이 낄 생각은 없었어. 그냥 해본 소리지만 그래도 섭섭하네."

"미안. 정말 기다리던 일이라 그래. 대신 내일 제시카랑 많이 친해지면 그녀에게 도움을 구해볼게."

"정말? 약속한 거다!"

빨간 구두는 기왕이면 푸른 눈의 잘생긴 미남을 소개해 달라며 콧소리를 냈다.

"그게 어디 내 맘대로 됩니까? 아무튼 알아볼 테니 열심히 연습하고 있으셔."

"오케이!"

말이 떨어지기 무섭게 빨간 구두는 원서를 펼쳐들고 힘차게 읽기 시작했다. 그 모습을 보며 피식 웃던 영한도 다시 책을 펼쳤다.

한 손에는 카메라를 한 손에는 한지로 만든 부채를 든 제시카가 영한을 향해 환하게 웃었다. 땀이 송골송골 맺힐 만큼 더운 날씨였지만, 그녀는 조금도 지치는 기색 없이 인사동 이곳저곳을 돌아다녔다.

"Young Han, Let's eat that! 영한, 우리 저거 먹어요!"

"Patbingsu? 팥빙수?"

"Yes, Patbingsu! 응, 팥빙수!"

찹쌀떡과 콩가루로 고명을 얹은 팥빙수 사진을 보니 영한도 침이 꿀꺽 넘어갔다.

"Sure. Let's get in. 그래요, 들어가요."

제시카를 쫓아다니느라 기운이 다 빠진 영한은 천국이라도 발견한 듯 서둘러 가게 안으로 들어갔다.

"Loooooove it! So cold! 이거 진짜 시원하고 맛있다!"

"You like Patbingsu? 제시카는 팥빙수 좋아하나봐요?"

"Yeah, especially with this Chapssaldduk, it's fantastic! 네,

특히 찹쌀떡 맛은 정말 환상적이에요!"

제시카는 찹쌀떡이 듬뿍 들어간 팥빙수를 비롯해 자신이 좋아하는 한국 음식에 대해 이야기를 늘어놓기 시작했다. 낯선 음식에 거부감을 갖기는커녕 그 맛을 용감하게 즐기는 그녀의 적극적인 태도가 영한은 무척이나 마음에 들었다.

"And your English is getting better everytime. You have a secret for that? 그런데 영한 씨는 갈수록 영어 실력이 좋아지는 것 같아요. 무슨 비결이라도 있어요?"

제시카는 자신도 한국어를 유창하게 하고 싶어 공부 중이지만, 생각처럼 잘 되지 않는다고 말했다.

"I'm just a beginner. I need to train and practice a lot. 저도 아직은 초보 단계예요. 더 많이 훈련하고 노력해야죠."

영한은 지난 몇 달 동안 자신이 해온 것들을 자세히 설명했다. 영한의 표현이 아직은 서툴고 가끔씩 틀리기도 했지만 제시카는 귀 기울여 들어주었다. 뿐만 아니라 영한의 말이 막히면 쉬운 표현을 써가며 대화가 끊어지지 않도록 배려해주기도 했다.

"Hey, Jessica! What are you doing here? 제시카! 여기서 뭐 해?"

"Huh? You guys for what here? for Patbingsu? 어? 너희는 여기 어쩐 일이야? 팥빙수 먹으러 온 거야?"

흰칠한 키에 푸른 눈을 가진 금발 청년과 구릿빛 피부를 가진 근육질 청년이 제시카에게 반갑게 인사를 하며 다가왔다. 그들은 영한을 궁금해하며 소개를 부탁했다.

"Oh, this is my fellow musician in the amateur band, Young Han. And Young Han, this is my graduate school fellow, Jordan and Peter. 이쪽은 내 직장인 밴드 친구 영한이야. 그리고 영한 씨. 여기는 내 대학원 동기 조던과 피터예요."

"Wow, you play music! Amazing! You mean, you do it while working for a company, don't you? Great! 오! 음악을 하시는군요. 직장인 밴드라면 회사에 다니면서 취미로 한다는 건데 대단하세요!"

금발의 피터가 영한에게 악수를 청하며 어떤 악기를 연주하는지 물었다.

"Ah, I'm playing the bass guitar in the band. 아, 저는 밴드에서 베이스 기타를 연주하고 있어요."

"The bass guitar! It's cool! 오 베이스 기타! 정말 매력적인 악기죠!"

근육맨 조던은 어릴 때 베이스 기타를 배우다 그만 둔 경험이 있다며 언제 한 번 영한의 연주를 듣고 싶다고 했다.

"I'm just an amateur. I'm not good at yet to show it to people. 어휴, 전 그냥 아마추어예요. 아직 사람들 앞에서 연주할 실력은 못

돼요."

"And you are modest! Haha! 겸손하시기까지! 하하!"

그렇게 이야기를 나누던 중 일행이 도착하자 피터와 조던은 자리에서 일어났다.

"Young Han, it was nice to see you. 영한 씨, 반가웠어요."

"Yeah, I liked it to be with you. 네, 저도 두 분과 함께 해서 좋은 시간이었어요."

제시카도 자리에서 일어나는 두 사람에게 손을 흔들며 인사했다.

"Wow! Young Han, your English was pretty good! 와! 영한 씨, 영어 잘하는데요?"

"Oh no, pronunciation and accent are not perfect. 잘하긴요, 발음도 억양도 어색한데."

영한은 쑥스러운 듯 머리를 긁적이며 웃었지만, 제시카에게 칭찬을 받자 날아갈 듯한 기분이었다.

"However, you are Korean, right? Your English sounds' good enough! And you even spoke fluently in front of my friends, without mistake. 어휴, 영한 씨는 한국인이잖아요. 그 정도면 잘하는 거죠! 게다가 내 친구들 앞에서도 전혀 떨지 않고 말했잖아요."

그녀는 외국인 앞에서 자신 있게 이야기한 것만으로도 대단한 것이라며 영한을 격려했다. 사실 영한조차도 외국인 세 명과 영어로 대화를 나누고 있는 자신을 상상한 적이 없어 얼떨떨할 따름이었다. 두려워하지 않고 자연스럽게 대화를 이어갔던 자신을 기억하며, 영한은 영어로 잠꼬대할 그날에 한 걸음 더 다가갔음을 느낄 수 있었다.

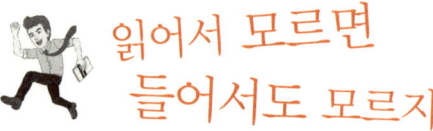
읽어서 모르면 들어서도 모르지

"Let it be, let it be~"

키맨과 수업을 한 지 넉 달째에 접어들면서 영한은 팝송을 들으며 가사를 익히는 재미를 알게 되었다. 특히 비틀즈의 〈Let it be〉가 귀에 쏙쏙 들어왔는데 가사가 전하는 메시지가 왠지 모르게 마음에 와 닿았다.

그동안 영한의 일상에는 커다란 변화가 생겼다. 여전히 서툴지만 제시카와 자연스럽게 영어로 대화를 나눌 수 있게 되었고, 아무도 알아주는 이 없었지만 현석을 도와 중요한 업무를 처리하기도 했다. 부담을 내려놓고 영어 자체를 즐기다 보니 오히려 마음이 가벼워지면서 귀가 뚫리고 입이 열리는 듯했다.

"Okay, I got it. Then I will send you the data as you told me previously. 네, 잘 알겠습니다. 그 자료도 이전에 말씀하신 것과 같이 보내드리겠습니다."

사무실로 들어선 영한은 동료들과 눈을 맞추며 인사를 나누다가 현석을 바라봤다. 현석은 얼마 전 퇴원해 업무에 복귀했지만 여전히 피곤해 보였다.

'쯧쯧, 저러다 또 실려 가는 거 아니야?'

영한은 안쓰러운 눈길로 현석을 바라보며 혼잣말을 했다. 영한에게 현석은 더 이상 질투의 대상이 아니었다. 영어 말문을 틔우기로 결심한 이후, 영한은 현석이 해외 거래처와 통화하는 내용을 귀담아 들었다가 소리 내어 말해보곤 했다. 또한 현석의 발음이나 억양까지도 유심히 들으며 틈나는 대로 따라하려고 애썼다. 덕분에 요즘은 현석이 통화하는 내용을 어느 정도 알아들을 수 있게 되었다.

"현석 씨는 아직 점심도 못 먹고 저러고 있는 거야?"

"그러게요. 도와주려고 해도 뭐 능력이 돼야 말이죠."

점심식사를 마치고 다시 사무실로 들어오던 팀원들이 여전히 전화기를 붙잡고 있는 현석을 보며 안쓰러움을 감추지 못했다.

"Yes, then do I just send that data only? Is that all? 네, 그

럼 그 자료만 보내드리면 되는 건가요?"

통화 내용을 가만히 듣고 있던 영한은 도울 만한 일이 있는지 머리를 굴리기 시작했다. 통화를 마친 현석은 노트북으로 무언가를 작성하더니 뒤늦게 점심을 먹으러 나갔다. 현석의 노트북을 흘긋 보니 조금 전 통화한 내용이 문서로 정리되어 있었다.

"내가 제대로 알아듣긴 했나 보네, 후후. 가만 있자. 싱가포르하고 우리나라가 FTA를 맺었으니 원산지 증명이 필요하다는 거네. 하지만 이건 현석 씨가 잘 알지 못할 텐데…. 아, 이건 강 차장님이 잘 아시겠다!"

영한은 자신과 예전에 영업부에서 같이 근무했다가 지금은 퇴사하여 무역업을 하고 있는 강 차장님을 떠올렸다.

"안녕하세요, 차장님. 잘 지내시죠?"

잠시 안부를 주고받은 영한은 본론을 꺼냈다.

"다른 게 아니라 원산지 증명을 해야 되는데요."

"원산지? 어디랑? 아 혹시 싱가포르 건 아냐? 요즘 회사에서 사활을 걸고 있다면서?"

"네, 맞아요. 그런데 원가 자료 같은 것들을 서류로 준비해야 하는데, 제가 아는 게 있어야죠. 헤헤."

"FTA를 맺은 나라와 거래하려면 원산지 증명이 중요하지. 나도 얼마 전에 FTA 맺은 나라의 업체랑 거래하면서 진땀 깨나 흘렸지. 하하."

강 차장님이 보내준 자료를 참고해 영한은 문서를 작성했다. 그리고 현석이 돌아오기 전 완성본을 그의 책상 위에 올려놓았다.

"아니, 이걸 누가 한 거지?"

사무실로 돌아온 현석은 책상 위에 놓인 문서를 보며 어리둥절했다. 하지만 다들 정신없이 바쁜 와중에 누가 했는지 물어보고 다닐 수도 없는 노릇이었다.

"영한 씨, 이거 누가 놓고 갔는지 알아?"

"글쎄, 모르겠는데."

영한은 아마도 우렁각시가 도와주고 갔나보다며 씩 웃었다. 현석은 고개를 갸웃거리며 의아해했지만 이내 노트북을 켜고 다시 일에 빠져들었다.

말문 늘리기에서 과거형 표현까지 익히자 키맨은 멤버들에게 영어 일기 쓰기를 주문했다. 일기 쓰기는 문장 구조를 익히는 데 도움이 될 뿐만 아니라, 영어를 좀 더 재미있게 익힐 수 있는 방법 중 하나라는 것이다.

"주부의 일상이 거기서 거긴데…. 매일 일기를 쓸 만한 소재가 없어요."

"어휴, 그건 회사원도 마찬가지죠."

천상주부의 말에 개츠비가 거들고 나섰다.

"그건 영어의 문제가 아닙니다. 일상이 반복적이고 무료하다면 새로운 생각이나 행동을 시도하지 않고 있단 거죠. 생각을 조금 달리 해보세요. 날마다 일기의 콘셉트를 달리하는 것도 좋은 방법입니다."

키맨은 감사일기, 성공일기, 도전일기와 같은 특별한 콘셉트로 일기를 쓴다면 이야깃거리가 없다고 걱정할 일은 없을 거라고 말했다.

"작은 일이라도 감사한 것, 뭔가 도전한 것, 성공한 것들을 적어보는 거예요. 저도 몇 년째 매일 열 줄 정도씩 일기를 쓰고 있는데 꾸준함이 모여 큰 성과를 만든답니다."

키맨은 영어 일기가 습관이 되면 자기 반성과 영작 연습이라는 두 가지 효과를 얻을 수 있다고 말했다. 그러니 표현이 서툴고 자주 틀리더라도 신경 쓰지 말고 일단 적어보라는 것이다.

"쌤! 질문요!"

"네, 말씀하세요."

"지난번에 외국인이랑 대화하기 숙제할 때 무슨 말을 하는 건지 알아듣기 어려워 애를 먹었어요. 작문도 작문이지만 듣기 실력을 향상시키려면 평소 어떤 훈련을 하는 게 좋을까요?"

"어머, 저도 그거 질문하려고 했는데. 호호."

개츠비가 말을 마치자마자 천상주부가 호들갑을 떨며 좋아했다.

"음, 외국어를 공부할 때 참으로 어려운 것 중 하나가 듣기입니다. 특히 우리나라 사람들은 글자 위주의 번역식 공부가 습관이 되어 있어서 영어 대화를 제대로 알아듣기가 어렵습니다."

"사실 제가 요즘 영어 뉴스를 듣거든요. 그런데 도통 알아들을 수가 없네요. 에휴."

샤론은 하루 몇 시간씩 영어 뉴스를 들으며 듣기를 마스터했다는 이야기를 듣고 한 달째 그렇게 하고 있는데 별 진전이 없다며 속상해했다.

"제가 수천 명의 영어 학습담을 들으며 연구해봤는데, 한국의 성인 왕초보가 혼자서 영어 뉴스를 듣고 듣기 실력이 향상될 확률은 낮다고 보시면 됩니다. 대략 열 살 미만까지는 소리에 대한 모국어 필터링(소리를 그 자체로 듣지 않고 모국어로 변환하여 인식하는 것)이 덜하므로 외국어에 오래 노출되면 자연스럽게 듣기가 된다고 해요."

키맨은 말을 멈추고 잠시 사람들을 둘러본 뒤 다시 설명을 이어갔다.

"하지만 성인들은 외국어 소리를 그 자체로 듣지 않고 비슷한 소리를 모국어에서 찾죠. 영어의 소리를 한국식으로 바꾼다고 할까요. 그래서 무작정 많이 듣는 방법으로는 오히려 영어에 흥미를 잃고 포기하기 쉽습니다."

"그럼 어떻게 해야 듣기 실력을 키울 수 있나요?"

이번에는 영한이 물었다. 요즘 제시카와의 대화 덕분에 귀가 열리고 있음을 느꼈지만, 사실 그녀가 자신을 배려해 평소보다 느리게 말하고 있었기에 가능한 일이었다.

"영어의 고수들이 하나같이 강조하는 말이 있습니다. 눈으로 한 번 읽어서 이해되지 않는 문장은 들어서도 절대 이해 못한다! 즉 듣기에서도 역시나 어순이 중요하다는 겁니다. 영어식 어순에 익숙하지 못하니 소리를 듣더라도 의미를 파악하는 속도가 느린 거죠."

"말하기나 듣기나 영어식 어순에 익숙해지는 것이 가장 중요하군요."

키맨은 안 들리는 것이 아니라 머릿속에서 이해되지 않는 것이라고 했다. 일단 영어 문장을 많이 읽으면서 영어식 어순에 익숙해지고 독해 속도를 높이는 것이, 결국 듣기 실력도 함께 키우는 방법이라는 것이다.

"다음으로 영어를 '소리'로 들으려는 자세가 필요합니다. 우리는 영어 소리 자체를 듣고 흉내 내본 적이 없어요. 여러분은 아는 단어가 없어서 안 들린다고 생각하세요? 사실은 아는 단어도 못 듣습니다. 우리가 아는 소리와 실제 소리가 아주 다르거든요. 그리고 아는 단어일수록 발음을 한국식으로 예측해서 못 듣는 경우가 많아요."

"소리가 다르다니요?"

"예를 들어 고양이들이 실제로 '야옹 야옹'이라고 소리를 내나요? '야옹'은 고양이 울음소리를 한국어 소리로 비슷하게 맞춘 겁니다. 마찬가지로 does라는 단어를 한국인은 '더즈'라고 기대하는데, 원어민들은 'ㄷㅓㅈ'라는 식으로 소리 내요. 원어민들이 부산을 '푸!싼!'이라고 발음하는 건 우리를 웃기려는 게 아니라, '부산'이라는 소리가 그들의 말에는 없고 영어를 기본으로 소리 내기 때문이에요. 이보다 더욱 심하게 영어식으로 소리 내면 우리는 전혀 못 알아듣겠죠. 따라서 단어를 몰라서 듣기가 안 된다는 착각에서 빠져나와야 해요. 영어 소리 자체를 듣고 흉내 낸 적이 없어서 그런 겁니다."

또한 키맨은 영어 듣기를 훈련하는 사람들 중 상당수가 집중해서 소리를 따라하기보다는 계속해서 틀어놓고 마치 배경음악처럼 듣고 있다고 지적했다.

"어휴, 생각해보니 정말 그러네요."

샤론은 자신도 뉴스를 틀어놓고 다른 일을 했었다며 키맨의 지적을 순순히 인정했다.

"뉴스부터 들을 것이 아니라 쉬운 것부터 천천히 연습해 보세요. 독해부터 제대로 연습해보는 것도 좋습니다. 읽어서 무슨 말인지 이해가 안 되면 들어서도 알 수 없으니까요."

키맨은 모든 영어 소리를 처음 듣는다는 자세로 집중해서 들어보라고 했다.

"듣기 실력을 키우는 또 하나의 방법은 배경지식을 늘리는 것입니다. 사람들이 영어를 듣고 이해하지 못하는 이유는 그 내용에 대한 배경지식이 없기 때문입니다. 예를 들어 제가 아침마다 신문을 읽지만 정치나 스포츠 기사는 관심이 없어 읽지 않는다고 가정하죠. 이런 제가 영어로 정치나 스포츠 뉴스를 들으면 이해할 수 있을까요? 우리말로 하는 뉴스를 들어도 어떤 맥락인지 전혀 모르는데요?"

키맨은 원어민이 아닌 이상 맥락을 모르는 분야는 들어도 그 내용을 이해하지 못하는 것이 당연하다며 그런 것으로 좌절할 이유는 없다고 했다. 대신 특별한 배경지식이 없어도 되는 쉬운 내용으로 듣기 연습을 시작해 보라고 조언했다.

수업이 어느 정도 마무리되자 키맨은 칠판에 무언가를 적기 시작했다.

- Don't wish for it, Work for it!
  바라기만 하지 말고 얻기 위해 노력하라!

- If you can dream it, you can do it.
  꿈꿀 수 있다면, 해낼 수도 있다.

- Where are you going? What are you doing today to get there?
  지금 당신은 어디를 향해 가고 있는가? 그곳에 도달하기 위해 무엇을 하고 있는가?

- Obstacles are what you see when you take your eyes off the goal.

Keyman's Tip

"실력을 키우고 싶다면 이렇게!"

1. 영어식 어순을 확실히 익히자!
눈으로 읽어서 모르는 문장은 들어서는 더욱 모릅니다. 그러니 듣기를 위해서도 영어식 어순에 익숙해지도록 훈련하세요!

2. 영어 소리를 그대로 받아들이자!
영어 소리를 한국어 발음으로 인식하지 말고, 영어 고유의 소리로 들어야 합니다. Part 4에 나오는 내용을 참고하세요!

3. 배경지식을 늘리자!
전후 맥락과 상황을 모르면 이해하기 더욱 어려워요. 관심있는 내용으로 듣기를 시작해보는 것도 좋은 방법이에요.

장애물은 목표에서 눈을 뗄 때 보이는 것이다.

- You must try things that may not work.
  안 될 것처럼 보여도 시도해야 한다.

- Don't find excuses, find ways and wills.
  변명을 찾지 말고 방법과 의지를 찾아라.

- Break yourself.
  나 자신을 극복하자.

- Fail to plan is to plan to fail.
  계획을 안 하는 것은 실패를 계획하는 것이다.

- Don't let anyone defines your limit.
  누구도 당신의 한계를 정의하게 하지 마라. 당신의 가능성은 무한하다.

- Vision is the art of seeing the invisible.
  비전이란 안 보이는 것을 바라보는 능력이다.

"지금까지 매 수업 때마다 여러분에게 들려드린 명언 그리고 제가 좋아하는 명언들입니다. 수시로 보고 외우면서 문장 하나하나에 담긴 깊은 뜻을 느껴보세요. 앞으로도 여러분이 영어 공부를 포기하지 않도록 도와주는 큰 힘이 될 겁니다."
"외, 외우라고요?"

"네, 반드시 외워주세요!"

키맨은 집안 곳곳에 그리고 자주 지니고 다니는 소지품에 붙여 두고 수시로 보면 쉽게 외울 수 있을 것이라며 빙그레 웃었다.

"영한 씨, 잠시 얘기 좀 나눌까요?"

수업이 끝난 후 키맨은 영한을 따로 불러 깜짝 놀랄 만한 말을 꺼냈다. 한 달 뒤부터 새로 들어오는 멤버들을 맡아 수업을 진행해 보라는 것이었다.

"네? 제가 다른 사람들을 가르친다고요? 에이, 말도 안 돼요."

"왜 말이 안 돼요? 지난 5개월 동안 영한 씨는 저를 믿고 잘 따라와 주었어요. 덕분에 제가 기대했던 것 이상의 실력을 보이고 있고요."

"그래도 제 실력에 누군가를 가르친다는 건…."

"부족하니까 가르치라는 겁니다. 가르치려면 제대로 알아야 하잖아요. 준비하는 과정에서 열심히 노력하게 되고, 그러면서 내가 모르는 것을 발견하게 되고요. 물론 모르면서 대충 넘어가면 절대로 안 되겠죠. 영한 씨가 아는 부분은 알려주고 모르는 부분은 함께 채워나가면 됩니다. 저도 그렇게 해서 빠르게 실력을 키울 수 있었어요. 게다가 이미 저와 훈련한 많은 왕초보들이 다른 사람을 가르치고 있는 걸요? 그들이 또 다른 왕초보들을 강사가 되도록 하고 있고요. 지금까지 그랬던 것처럼 저와 영한 씨 자신을 믿고 도전해 보세요. 영한 씨에게서 가능성을 봤기에 하는 말이에요."

"제가 잘할 수 있을까요?"

"당연하죠! 문을 열어야 새로운 세상을 만날 수 있잖아요? 그리고 그 문을 여는 열쇠는 이미 영한 씨 손에 쥐어져 있죠."

키맨의 말에 영한은 자신의 손을 내려다보았다. 듣고 보니 정말로 손 안에 열쇠가 있는 듯 느껴졌다.

"열쇠를 넣고 돌리는 데 필요한 것은 작은 용기예요. 영한 씨, 용기를 내봐요! 하하하!"

키맨은 영한의 어깨를 두드리더니 유쾌한 웃음소리를 내며 멀어져 갔다. 영한은 그의 웃음소리가 자신을 향한 응원임을 알았다.

"그래! 해보자! 난 잘할 수 있어!"

영한은 자신의 손에 쥐어진 열쇠를 상상하며 스스로에게 주문을 걸었다. 포기하지 않고 최선을 다해 노력하면 결국 해낼 수 있다는 것을 지난 5개월의 경험으로 익히 알고 있었다. 영한은 지금부터 펼쳐질 새로운 세상을 기대하며 씩씩하게 발을 내딛었다.

돌멩이를 옮기면
태산도 움직인다

"영한 씨 요즘 뭔가 잘 풀리나 봐? 얼굴이 많이 좋아졌는데?"

"하하, 그래요? 어제 오랜만에 사우나를 갔다 와서 그런가? 아무튼 상쾌한 아침입니다."

주말 내내 비가 내리다가 모처럼 환한 햇살이 비치는 덕분인지 월요일 아침의 사무실에는 활기찬 기운이 감돌았다. 월요병을 잊은 듯 직원들은 밝은 얼굴로 인사를 나눴다.

현석 역시 주말 동안 피곤함을 덜어냈는지 한결 가벼운 얼굴로 자리에 앉았다. 그동안 혼자서 해외 거래처와 관련된 업무를 해결하느라 끙끙댔는데, 얼마 전부터 누군가의 도움으로 업무량이 줄어든 적이 한두 번이 아니었다.

"현석 씨, 그거 어떻게 됐어?"

"예?"

"싱가포르에서 견적서 보내달라고 했잖아. 그래서 내가 견적 기안을 사장님 결재까지 받아다 줬고."

"아, 네. 그렇지 않아도 서류 작성해서 경영지원팀에 보냈습니다. 거기서 검토하고 첨삭할 게 있으면 첨삭한 뒤에 발송한다고 했습니다."

"첨삭은 무슨! 그냥 이쪽에 맡겨두면 될 걸 굳이 자기들이 보겠다는 건 뭐야."

팀장은 계약 성사 막바지에 살짝 숟가락을 얹으려는 경영지원팀에 불만이 많았지만, 대놓고 뭐라고 할 수도 없는 노릇이었다.

"아무튼 괜히 트집 잡지 말고 일처리나 잘해야 할 텐데 말이야. 일단 알았어. 사장님까지 보신 건데 별 문제 있겠어? 현석 씨는 영문 계약서 준비나 잘 해줘."

팀장은 현석에게 이번 프로젝트가 끝나면 반드시 휴가를 보내주겠다며 어깨를 툭툭 두드렸다. 휴가 이야기가 나오자 현석이 환하게 웃었다. 두 사람의 대화를 듣고 있던 영한도 덩달아 입꼬리가 올라갔다. 좌충우돌하며 달려온 덕분에 어느덧 프로젝트의 끝이 보이는 듯했다. 이제 달콤한 열매를 맛볼 날이 다가온다는 생각에 영한은 한결 가벼워진 마음으로 창밖을 내다보았다. 여전히 햇살이 비치고 있었지만, 자세히 보니 잔뜩 물기를 머금은 먹구름이 짙게 드리워져 있었다.

"이게 대체 무슨 일이야?"

요 며칠 봄바람 같던 팀장의 목소리가 한겨울 얼음장처럼 갈라졌다. 영한은 화들짝 놀라며 팀장과 현석을 번갈아 쳐다보았다. 무슨 일이 터진 게 분명했다.

"저도 지금 확인 중입니다. 잠시만…."

현석은 난처한 표정을 지으며 서류철을 뒤적거렸다.

"잠시는 무슨 잠시야! 어떻게 견적 계약서가 이따위로 나왔어? 사장님께 보고 드렸던 것과 완전히 다르잖아!"

"그게…. 저, 견적서에 샘플 가격이 적혀 있었습니다."

"아니, 왜 샘플 가격이 정식 계약 견적서에 적혀 있는데? 도대체 어떻게 된 거야?"

"그게 경영지원팀에서 서류를 보내는 과정에서 뭔가 실수를…."

현석은 팀장에게 경영지원팀으로 보냈던 최종 서류를 보여주며 자신의 실수가 아님을 확인해 주었다.

"아니, 그 인간들은 마지막에 숟가락 올려놓는 것도 얄미워 죽겠는데 아예 밥상을 뒤엎어버리면 어쩌자는 거야! 샘플 가격대로 계약하면 다 퍼주고 어떡하라고!"

며칠 전 이쪽에서 보낸 계약서를 들고 싱가포르에서 앨빈이 도착했는데, 그가 내놓은 계약서를 보니 샘플 가격이 적혀 있었던 것이다. 사장은 노발대발했고 글로벌팀은 말 그대로 멘붕에 빠져버렸다. 게다가 경영지원팀에서는 은근슬쩍 글로벌팀으로 책임을 떠넘기기 바빴다.

"어쨌든 이 문제부터 해결하자. 현석 씨는 빨리 앨빈을 만나서 상황을 이야기하고 계약서를 다시 쓰자고 설득해 봐. 영한 씨도 같이 가서 도와줄 거 있으면 도와주고."

"팀, 팀장님이 아니라 저희가요?"

"이럴 때는 말이 통하는 사람, 지금까지 직접 상대해왔던 사람이 가는 게 최고야. 그러니 얼른 가보라고."

"예, 알겠습니다."

영한과 현석은 서둘러 앨빈이 묵는 호텔로 찾아갔다. 잔뜩 움츠린 이쪽과는 달리 앨빈은 자신만만한 얼굴로 두 사람을 바라보았다. 샘플 가격대로 계약을 체결하든지 아니면 없던 일로 하자는 것이었다. 그렇게 두 시간이 넘도록 밀고 당기기가 계속됐지만 양쪽의 입장 차이는 팽팽하기만 했다. 앨빈은 잠시 화장실을

갔다 오겠다며 자리를 비웠다.

"하, 이것 참. 쉽지는 않을 거라고 생각했지만 이 정도일 줄이야."

"그러게. 그쪽에서는 아쉬울 게 없으니 이렇게 세게 나오는 것이겠지. 그래도 좀 너무하지 않아?"

영한은 이쪽의 실수가 있었지만, 업계의 가격 기준이 있는데도 억지를 부리는 듯해 은근히 괘씸했다. 차갑게 식어버린 커피를 냉수 삼아 벌컥벌컥 들이켠 영한은 현석을 바라보았다.

"저쪽에서 끝까지 이대로 밀고 나가려고 하면 어떡하지?"

"어찌 됐든 우리에게는 결정할 권한이 없으니 일단 회사에 보고해야겠지. 하지만 우리 회사도 어떻게든 애초에 논의한 가격으로 계약하려고 할 테니 쉽지 않을 거야."

"아이고 모르겠다. 그나저나 앨빈은 왜 이리 안 오는 거야?"

"화장실 갈 때 보니까 휴대폰을 들고 가던데 본사랑 통화하고 있는 게 아닐까?"

영한과 현석은 초조한 마음으로 머리를 굴려보았다. 하지만 칼자루를 쥐고 있는 앨빈이 요지부동이니 답답할 따름이었다.

"어휴, 정말 끝까지 쉬운 게 하나 없구나."

영한은 현석이 팀장에게 상황을 보고하는 사이 잠시 찬바람을 쐬러 나갔다. 로비를 나서려는 순간 한구석에서 통화를 하고 있는 앨빈이 보였다. 통화 내용이 궁금해진 영한은 그가 눈치채지 못하게 뒤쪽에서 살금살금 다가갔다.

"As we thought, the price on the contract from Korea was for the sample. I knew it. So I haven't reported it to the boss yet. 짐작대로 한국에서 보낸 계약서의 금액이 샘플 가격이더군. 그럴 줄 알고 아직 사장님께는 보고를 안 했지."

영한은 앨빈의 통화를 들으며 눈이 휘둥그레졌다. 적어도 싱가포르 업체의 경영진은 지금의 상황을 모르고 있다는 말이었다. 영한은 급히 현석에게 되돌아갔다.

"그래? 그럼 앨빈만 잘 설득하면 정상 가격으로 계약할 수 있다는 말이네?"

"그렇다니까. 아무튼 오늘 안에는 설득해야 할 것 같아. 그래야 저쪽 경영진의 귀에 우리 실수가 안 들어갈 테니까."

현석은 저 멀리 앨빈이 다가오는 것을 보고 옷매무새를 가다듬었다. 그런데 문득 영한이 어떻게 앨빈의 통화 내용을 알아들었는지 궁금해졌다. 혹시 어설프게 듣고 엉뚱하게 해석한 것은 아닌지 걱정이 된 현석은 영한을 흘깃 쳐다봤다.

"어, 저기 앨빈이 온다."

현석은 갑자기 어떻게 해야 할지 당황스러웠다. 영한의 말만 믿고 협상을 끌어갈지, 아니면 무조건 앨빈에게 사정해야 할지 헷갈릴 뿐이었다. 생각이 많아진 현석이 우물쭈물하며 대화를 이끌어가지 못하자 앨빈은 인상을 잔뜩 찌푸리며 두 사람을 바라봤다. 가만히 지켜보던 영한이 숨을 고르더니 앨빈을 향해 말했다.

"Let's just talk over wines. 와인이나 한 잔 하면서 이야기 나누시죠."

협상은 여전히 정체된 상태인데 영한이 갑자기 술이나 하자고 하니 앨빈은 황당하다는 표정을 지었다. 가뜩이나 영한과는 좋지 않은 기억이 있었던지라, 앨빈은 경계하는 눈빛으로 영한을 바라보았다. 놀라기는 현석도 매한가지였다. 영한이 어쭙잖은 영어로 앨빈에게 또다시 실수를 하지나 않을까 걱정이 된 것이다.

"Two hours has passed already after we began talking. You must be hungry. Let's have a dinner with a drink. 얘기를 시작한 지 벌써 두 시간이 지났습니다. 시장하실 텐데 저녁을 먹으면서 간단히 한 잔 하시면 어떨까요?"

"Ok. Let's do. Anyway it's time for dinner. 흠, 그럽시다. 어차피 저녁은 먹어야 하니까."

세 사람은 자리를 옮겨 와인과 간단한 식사를 하기 시작했다. 영한은 더 이상 계약 이야기는 꺼내지 않고, 앨빈이 좋아하는 커피 등을 화제로 대화를 이끌어나갔다. 그런 영한을 보며 앨빈은 고개를 갸웃거렸다. 몇 달 사이에 완전히 달라진 영어 실력이 무척이나 놀라웠던 것이다. 특히 조금씩 틀리고 어색해도 쑥스러워하지 않고 자신 있게 말하는 모습이 인상깊었다.

"I'm really wondering, how could you improve your English that much? 정말 궁금해서 그러는데, 영한 씨는 어떻게 그렇게 영어 실력이 많이 늘었나요?"

앨빈은 신기하다는 듯이 물었다.

"Actually aftet we met, I really tried hard. 사실은 지난 번 한국에 왔다가신 뒤로 죽기 살기로 열심히 했어요."

영한은 지난 번 만남에서 앨빈에게 큰 실수를 한 뒤 회사에서 트러블 메이커로 낙인찍혔던 이야기를 털어놓았다.

"However, above all, I just hoped to be of help to a contract with Perfect&Digital anyway which was almost about to be upset by my mistake. 그런데 무엇보다도 제 실수로 자칫 엎어질 뻔했던 퍼펙트&디지털사와의 계약에 어떻게든 보탬이 되고 싶었어요."

영한은 현재 자신에게 주어진 일을 제대로 해내려면 영어 실력을 키울 수밖에 없다는 것을 깨닫고 미친 듯이 노력했다며 쑥스럽게 웃었다.

"Wow, how incredible! However, it is true that it's still very difficult to improve foreign language that quickly like you. 오! 정말 대단한데요? 아무리 그래도 그렇지, 짧은 시간에 외국어 실력이 이렇게 많이 향상되기는 어려운 일인데."

"Frankly speaking, we, I mean not only me, but also Heon Seok and all our colleagues have put our all efforts into this contract, working night and day. Seriously, this contract is that much significant for us, and we must make it. 사실 저뿐만 아니라 여기 현석 씨를 비롯해 저희 회사의 모든 직원들이 이번 계약을 성사시키기 위해 정말 밤낮없이 노력했습니다. 그만큼 저희 회사에는 이 계약이 중요하고, 반드시 체결해야 합니다."

영한의 말에 앨빈은 조용히 고개를 끄덕이며 잠시 생각에 잠겼다. 이윽고 자세를 고쳐앉은 앨빈이 말했다.

"Well, it's late, so let's get back to the subject again, and make a decision. 자, 시간도 늦었으니 아까 이야기로 돌아가서 결론을 내립시다."

"Wow, I didn't notice the time. Okay, then I'm going to tell you the point shortly. Yes, it is obviously our mistake, but we can't continue the contract at the sample price. It's impossible. 아, 벌써 그렇게 됐군요. 그럼 본론만 이야기하겠습니다. 비록 저희 쪽의 실수이지만, 샘플 가격으로는 계약을 진행할 수 없습니다."

"Um…. So? 음…. 그래서요?"

"As I told you, I absolutely wish this contract could be made, because all our members have tried so hard to make it. However, I can say confidently our product is much more competitive in terms of its quality and function than any other products in the market. 아까 말씀드렸듯이, 저희 회사의 많은 사람들이 고생한 일이기에 계약이 성사되기를 누구보다도 바라고 있습니다. 하지만 저희 회사의 제품은 경쟁사보다 품질과 기능이 훨씬 우수하다고 자신 있게 말씀드릴 수 있습니다."

영한의 말이 끝나자 앨빈은 속을 알 수 없는 표정으로 일관하며 한참 동안 말이 없었다. 영한은 섣불리 초강수를 둔 것이 아닌지 불안했지만, 이미 주사위는 던져졌기에 애써 여유로운 표정을 지어보였다.

"Good. 좋아요."

앨빈은 잠시 뜸을 들이다 다시 말을 이었다.

"Frankly speaking, we are very satisfied with your products. And therefore, don't intend to reduce the unit price at all, even by using someone else's mistake. However, considering a company that makes a mistake in the contract stage, we think, it is needed to think carefully once again about the business. 솔직히 귀사의 제품에 매우 만족하고 있기에, 그쪽의 실수를 악용하여 단가를 낮출 생각은 없었습니다. 하지만 계약 단계에서 실수하는 회사를 믿을 수 있는지를 신중하게 고민해야 한다는 게 저의 생각입니다."

"I truly apologize to you for that mistake. I promise I will pay more attention to prevent this kind of situation. 그 부분은 거듭 사과드립니다. 다시는 이런 일이 일어나지 않도록 더욱 주의를 기울이겠습니다."

영한과 현석은 변명하는 대신 실수를 인정하며 개선의 의지를 나타냈다.

"Well, seeing your attitude, I can feel both of your sincerity. Especially you, Young Han, I can see your loyalty to the company from the surprisingly improved English only in a couple of months. And it really touched me. Also I want to have a business which is beneficial to both parties. Therefore I mean, we will accept your suggested price. 두 분의 태도를 보니 진정성이 느껴지는군요. 특히 불과

몇 달 만에 몰라보게 향상된 영한 씨의 영어 실력을 보니, 회사를 위하는 마음이 느껴져 더욱 감동적입니다. 그리고 저 역시 어느 한쪽만이 아닌, 모두에게 이익이 되는 거래를 원합니다. 그러니 그쪽이 제시한 가격대로 계약을 진행하지요."

"Really? Thank you! 정말이요? 감사합니다!"

영한과 현석은 환하게 웃으며 감사의 뜻을 전했다. 영한은 앨빈의 잔에 와인을 채우며 건배를 제안했다.

"What about a toast for celebrating our contract concluded? 계약을 진행하는 기념으로 건배할까요?"

"Sounds good, then what about the celebrating message? 그럼 건배사를 해야죠!"

영한이 환하게 웃으며 말했다.

"May I suggest one? For a brighter sunshine, after tonight! 건배사를 제가 제안해도 될까요? 오늘 밤이 지나면 찾아올 밝은 햇살을 기원하며!"

세 사람은 힘차게 건배사를 외친 뒤 잔을 부딪쳤다.

숙소로 돌아가기 위해 앨빈이 먼저 자리에서 일어선 후 현석은 영한을 보며 물었다.

"혹시 그동안 내가 바쁠 때마다 도와준 사람이 영한 씨였어?"

현석은 어서 대답하라는 표정으로 영한에게 물었다.

"아, 그거…. 그냥 작게나마 도움이 되고 싶어서. 헤헤."

영한은 쑥스러운 듯 머리를 긁적였다.

"작기는! 그동안 얼마나 고마웠다고. 아니 근데 내 우렁각시가 영한 씨였다니! 이거 웃어야 하나, 울어야 하나? 하하!"

상상도 못했던 사실이지만 현석은 든든한 지원군을 얻은 것 같아 기뻤다. 더군다나 앨빈이 영한의 진정성을 높이 산 덕분에 계약까지 잘 성사되었으니 정말 오랜만에 편안하게 잠들 수 있을 것 같았다.

"자, 그런 의미에서 우리도 건배할까?"

"그럴까?"

"The man who moves a mountain begins by carrying away small stones! 작은 돌멩이를 옮기다 보면 태산도 움직일 수 있다!"

영한은 공자의 말로 건배사를 대신했다. 키맨과 함께 한 지난 6개월 동안 그는 세상의 모든 위대한 것들이 결국 정직한 땀의 결과로 이루어지는 것을 깨달았다. 땀 한 방울의 힘은 미약할지라도, 그것들이 오랜 시간 모여 이루어낸 결과는 이토록 달콤하다는 것을 드디어 알게 된 것이다.

영어가 그대를 자유케 하리라

 오랜만에 시원하게 쏟아진 소나기 덕분에 거리는 묵은 때가 말끔히 씻겨나간 듯 상쾌해 보였다. 출근하는 길이지만 영한은 저절로 콧노래가 나왔다. 맑게 갠 날씨만큼이나 좋은 소식이 기다리고 있을 것만 같았다.
 "어이쿠! 일등공신 납시었네."
 "왜 그러세요, 부끄럽게. 헤헤."
 싱가포르 업체와의 계약이 성공적으로 체결된 후 영한은 현석과 함께 일등공신이라는 소리를 듣게 됐다. 더군다나 막판에 거의 엎어질 뻔했던 계약을 성사시킨 사연이 알려진 뒤부터는 어느

새 회사에서 촉망받는 인재가 되어 있었다. 'boring'과 'bored'도 구분 못해 망신을 당하고 트러블 메이커 취급을 받았던 게 불과 엊그제 같은데 이렇게 달라진 대접을 받으니 꿈을 꾸는 것 같았다.

"조직개편이랑 인사이동 공지가 떴네? 어디 보자. 우리 글로벌 팀은 어떻게 됐나?"

"예상대로 팀을 나눠서 싱가포르에 법인을 설립하는 프로젝트 팀을 만들었네요."

"우와! 현석 씨와 영한 씨, 두 사람 다 싱가포르에 가게 됐네?"

"선발대라서 할 일이 많을 텐데 고생길이 열렸네. 하하!"

"고생이야 하겠지만, 젊은 친구들에겐 좋은 기회 아니겠어? 아무튼 둘 다 열심히 해봐."

영한은 축하해주는 팀원들에게 일일이 감사의 인사를 하느라 정신이 없었다. 그렇게 한바탕 떠들썩한 분위기가 지나간 후 다시 일을 하기 위해 자리에 앉은 영한은 크게 심호흡을 했다. 그런데 이상했다. 분명 기쁜 일인데 왠지 모르게 마음 한구석이 무겁게 느껴졌다.

하이, 오늘 약속 잊지 않았지? 이따 봐^^

제시카에게서 온 문자 메시지를 본 순간, 영한은 스멀스멀 피어오르던 답답함의 정체를 깨달았다. 이제 좀 제시카와 가까워져서 달콤한 로맨스를 시작하려는 순간에 멀리 떨어져야 한다니, 영한은 저도 모르게 한숨이 새어나왔다.

"Why can't you eat? You got a problem? 왜 이렇게 먹지를 못해? 무슨 고민 있어?"

함께 저녁을 먹던 제시카가 평소 같지 않은 영한을 보며 걱정스럽게 물었다.

"Well, Jessica. Actually I have something to tell you. 저, 제시카 사실 할 말이 있어."

영한은 큰 결심을 한 듯 오늘 회사에서 있었던 일을 이야기했다.

"Wow! It's really nice. Congratulations! 와! 정말 잘 됐다. 축하해!"

예상과는 다른 제시카의 반응에 영한은 당황하다 못해 섭섭했다. 아직 정식으로 서로의 마음을 확인하지는 못했지만, 지난 몇 달간의 행동을 보면 그녀도 자신에게 호감을 갖고 있는 눈치였다. 그런데도 이 상황에서 안타까운 기색은커녕 축하라니! 갑자기 울상이 된 영한을 보며 제시카는 말을 이었다.

"I've got something to tell, too. Actually I have been looking for a job opportunity in another country, not Korea after finishing the graduate school. This was what I have been thinking, since I didn't meet you yet. However, I've just got a contact offering a job for me from Singapore. 나도 할 말이 있어. 사실 널 만나기 전부터 대학원을 졸업하고 나면 한국을 떠나서 다른 나라에서 일해보고 싶었어. 그런데 마침 싱가포르에서 내가 일할 만한 자리가 났다고 연락이 왔어."

국제학을 전공하는 제시카는 여러 나라들을 다니며 견문을 넓히는 것이 중요하다는 생각을 하고 있었다. 그러던 차에 졸업과 동시에 싱가포르에서 일할 기회를 얻은 것이다.

"Are you serious?! Wow! I can't believe this is happening! 그게 정말이야?! 와, 아니 어떻게 이렇게 됐지!"

영한은 기쁜 나머지 큰소리로 환호했다. 제시카와의 관계가 이렇게 끝나는가 싶어 종일 마음이 무거웠는데, 예상치 못한 그녀의 싱가포르행 소식에 모든 근심이 눈 녹듯이 사라지는 것 같았다. 그런 영한을 보며 제시카도 빙그레 웃었다.

"우와, 싱가포르 진짜 덥네!"
"적도 바로 위에 있는 나라니까 아무래도 그렇지?"
영한과 현석은 6시간 동안의 비행을 마치고 싱가포르 창이공

항에 도착했다.

영한은 자신의 눈앞에서 새로운 문이 열리고 있다는 것을 실감할 수 있었다. 불과 얼마 전까지만 해도 영어 때문에 생각지도 못한 위기에 빠진 그였다. 해외영업을 담당하는 글로벌팀으로 옮기고 나서도 영어를 외면하며 지내왔고, 그러다가 영어를 해야만 살아남을 수 있는 상황과 마주하게 되었다. 조금만 어려워보여도 도망쳤던 삶에서 벗어나 이번에는 피하지 않고 정면으로 맞섰다. 그리고 마침내 '말문 트기'라는 영어의 첫 관문을 극복해낸 것이다.

그토록 어렵게만 보이던 영어에 대한 자신감이 생긴 덕분인지, 이제는 어떤 장애물을 만나도 두렵지 않을 것 같았다. 또다시 거대한 철문이 자신을 가로막는다고 해도 '노력'과 '자신감'이라는 열쇠로 힘차게 열고 나가면 되는 것이다.

"자, 다시 시작해볼까?"

영한은 스스로에게 주문을 걸듯 큰소리로 외치며 씩씩하게 발걸음을 옮겼다.

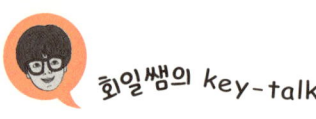 회일쌤의 key-talk

말문이 트였다면? 말문을 늘리자!

영어식 어순에 익숙해지도록 끊임없이 입으로 소리 내어 연습하고, 한국어 문장을 영어로 바꿔가며 연습하다 보면 저와 훈련했던 분들처럼 여러분도 분명 영어 말문이 트입니다. 그런데 말문이 트이면 그걸로 끝일까요? 아니죠! 영어 말문을 늘려야겠죠. 이 단계에서 유용한 것이 바로 중학교 듣기 평가 교재입니다.

 듣기 지문의 난이도가 매년 조금씩 바뀌지만, 2014년 기준으로 중학교 1~3학년이 배우는 내용을 따라 하면 말문이 트인 직후의 수준에 딱 좋습니다. 고등학교 지문들은 영어로 통역하기에는 다소 불필요한 내용이 많거든요. 우리들이 일상에서 신문기사의 어투로 말하지 않는 것과 같죠.

 듣기 평가 교재의 해답에 나온 한글 지문을 보고 영어로 바꾼 후 영어 스크립트를 모범 답안으로 참고해 보세요. '조용히 해!'라는 말을 영어로 하자면 'Be quite!'도 되지만, 상황에 따라 'Can't you stop talking?' 또는 'Now I'm studying.'도 되잖아요? 이런 식으로 한 가지 중학교 듣기 평가 지문을 영어로 통역해 보세요.
별표 복습법으로 마스터하면
말문이 몰라보게 늘어날 거예요!

의미도 다양한 문장으로 바꿔보는 겁니다.

 1~3학년의 교재 3권을 다 봤다면, 본문에 제시된 별표 복습법을 통해 잘 되지 않는 것을 중점적으로 다시 연습해 보세요. 한 권의 책을 완벽히 연습하는 것이 좋은데, 혹시 너무 지겹거나 다른 책으로 연습하고 싶다면 비슷한 수준의 다른 듣기 평가 교재를 사용하면 됩니다. 예를 들어 지금까지 A 출판사의 교재를 갖고 연습했다면, 이번에는 B 출판사의 교재를 사용하는 거죠. 이 과정을 마치고 나면 웬만한 일상 표현들은 모두 영어로 말할 수 있을 거예요. 회화 실력은 이론을 암기하는 것이 아니라 실제로 사용할 말들을 소리 내어 말해 보고 응용할 때 쑥쑥 향상된다는 것을 기억하세요!

# 회일쌤이 마지막으로 당부합니다!

영어는 공부의 대상이 아니라 소통을 위한 도구다!
운전면허시험만 공부한다고 운전 실력이 늘지 않죠? 영어도 마찬가지입니다. 앞으로 영어를 익힐 때는 자신이 알고 있는 내용을 일상에서 충분히 사용하고 있는지 돌아보세요!

소리 내어! 연기하듯이! 감정을 싣고!
쉬운 문장도 눈으로만 보다 보니 말로 하지 못합니다. 남이 운동하는 모습을 본다고 내 근육이 커지지 않는 것과 같은 이치예요. 보는 것은 쉽지만 내가 해야죠. 내 눈이 본 것을 내 입이 하게끔 만드세요. 영어는 입으로 운동하는 겁니다. 그리고 감정이입! 반드시 상황을 떠올리며 실제처럼 연습하세요.

말문 트기 비법 확실히 숙지!
1 4변형 : '~는 ~해', '~는 ~ 안 해', '~는 ~해?', '~는 ~안 해?'
2 영어 어순 연습 : 남에게 설명할 수 있을 정도로 충분히 연습하세요!
3 영어 문장 만드는 5구조 : ① 주어+동사 ② 전치사+명사 ③ to+동사 ④ 분사 ⑤ 접속사

10년 묵은 나쁜 습관, 이제는 버려요!
첫째, 영어와 한국어를 일대일로 대응하는 버릇입니다. 한 언어와 다른 언어의 뜻을 정확히 매치하는 일대일 대응은 불가능합니다. 말문을 트

고 나면 특정한 문장 자체를 번역하지 말고 그 '상황'을 묘사하세요. 둘째, 영어를 한국어로 번역하지 마세요. 영어를 읽으면 머릿속에 그냥 영어 내용에 대한 기억이 남아야 합니다. 고치는 법은 본문에서 알려드렸죠? 셋째, 무조건 외우지 말고 본문에 나온 설명을 참고해 이해한 뒤 문장으로 응용하세요. 외우는 것은 수동적인 학습입니다.

영어와 한국어, 소리 자체가 달라요!
느끼하게 굴리기만 한다고 원어민 소리가 되진 않아요. 소리 내는 방식과 발성의 차이부터 인식해야 합니다. 본문에 제시된 복식호흡을 꾸준히 훈련해 보세요. 원어민의 소리를 집중해서 듣고 녹음한 자신의 발음과 비교하는 방법도 있었죠? 성대모사하는 것처럼 반복해서 듣고 따라 해 보세요.

이런저런 핑계는 안드로메다로!
하려는 자는 방법을, 하지 않으려는 자는 변명을 찾아요! 영어로 자유롭게 말한다는 게 결코 거창한 꿈이 아니에요. '난 안 될꺼야', '다 아는 건데 실천이 어렵지' 등 도움이 안 되는 생각은 하지 마세요. 세상에는 이미 그 일을 해낸 사람들이 많고, 그들의 방법대로 하면 누구나 할 수 있습니다. 하루하루를 소중히 여기며 배우고, 익히고, 노력하는 사람이 되세요!

꿈은 크게! 행동은 작게!
실천하기 쉽게 목표를 잘게 나누어 행하자는 뜻입니다^^

2014년 10월
정회일 드림

**10년째 안 되는
영어 말문,
나는 한국에서
튼다!**